ピア・サポートの社会学

―― ALS、認知症介護、依存症、自死遺児、
　　犯罪被害者の物語を聴く ――

伊藤 智樹 編著

晃 洋 書 房

はしがき

　文芸批評家アナトール・ブロイヤードによる『癌とたわむれて』（Broyard 1992）という本があります。この本は、彼が1989年8月に転移性前立腺癌と診断されてから、1年2ヶ月後に亡くなるまでの間に書いた文章を収めています。迫りくる死の怖さや、自分自身がみじめになってしまうことに対して、彼がどのようなやり方で対したのかが書かれています。

　その中に——癌と診断されるよりも前の1980年代はじめに公表されたものですが——親しい友人であるポール・ブレスローを見送った印象的な話があります。ポールが47歳で癌と診断されるまでの人生は、傍目に見れば恵まれたものでした。金には困らず、読書と旅行の日々。アフリカの奥地に古代彫刻の収集のため何度もおもむいたり、随筆や評論、建築関係の本などを世に送り出したりしました。しかし、そのポールが、自分は死ぬ前に長編小説を書かなければならない、そうでなければ自分は何もしなかったことになる、と言うのです。

　ブロイヤードは、どうして君が失敗者なのかと意見をしますが、それでもポールを見舞うために繰り返し訪問します。ポールは、いつも来てくれてすまないね、などと言いながら、長編小説を書き続けます。ベッドに横たわったまま、つりさげられた器具に向かって。ブロイヤードは、きっとポールは話を短縮して完成を急ぐだろうと考えますが、予想とは逆に、小説はどんどん入り組んだ複雑なものになり、話は拡大していくばかり。結局、ポールは小説を完成させることなく亡くなりました。

　鋭い読者であれば「ポールは、小説を書くことで逃避していたのではないか」と思うかもしれません。確かに、そのような見方も可能です。しかし、そう言いきってしまってよいものでしょうか（そもそも「逃避」しない生き方ってあるのでしょうか？）。ここには、少し考える余地がありそうです。

私がポールの話をとりわけ印象的だと思うのには、理由があります。それは、これまで私が参加してきたセルフヘルプ・グループ（何らかの問題や目標を抱える当事者グループ）で人々が一体何を営んでいるのかを突き詰めて考えていくと、ポールの話と大きく重なるところがでてくる、ということなのです。たとえば、アルコール依存のグループの場合、参加者たちは、過去に自分が飲酒のせいでどんなひどいことをしたのかを語ろうとします。あるいは、かつての破壊的な飲酒が影をひそめた今でも、自分の「病気」は治ったわけではないと述べて、それを証拠だてるような出来事——たとえば、ささいな場面でおこる飲酒欲求や、対人的な問題を含む出来事——を語ります。いずれにせよ、その場にいる私にとっては、あたかもドラマチックな物語を聞いているような感覚がしたものです。

　ただ、直感的に「ドラマチックな物語みたいだ」と思ったところで、それは「研究」として何が言えるかということには必ずしも結びつかず、私は長らく五里霧中の状態でした。しかし、折しも、1980年代ごろから「物語」に着目した研究がさまざまな学問分野で現れてきており、それらを吸収するうちに、私は、セルフヘルプ・グループでの人々の営みを「物語」を作るプロセスとしてとらえられるのではないか、と考えるようになったのです。つまり、単に直感的に思うだけでなく、大真面目に、学術的に、人々は「物語」を語っているのだと見てみたらどうか、ということです。

　こんなふうに考えてみると、それまで慣れ親しんだように思っていたセルフヘルプ・グループの人々の発言で、少し違ったところに目が向くようになりました。たとえば、夫がアルコール依存である女性は、他のメンバーの語りへの関心について次のように私に言いました。ある人の「本当の洗いざらい」の話を聞いた時、それ以前の集会で聞いていたその人の話が「ああ、そういうことだったのか」と思え、その人の人生が「ひとつのドラマのように」つながって思えてくる。それがグループに参加する「だいご味」なのだ、と。そうした語りに改めて目をとめることで、セルフヘルプ・グループの参加者たちが、他の

人たちの話を「物語」として聞いており、またそれと同時に自分自身の「物語」を作っていっているのではないか、という見方がふくらんでいきました。つまり、「飲まずに生きる私」の物語を、アルコールに関して似た経験をした仲間たちとともに作っていく場としてのセルフヘルプ・グループ、という見方です（これ以上の詳細については、『セルフヘルプ・グループの自己物語論──アルコホリズムと死別体験を例に』（伊藤 2009）という本にまとめましたので、そちらをご覧ください）。

　さて、ポールの話に戻りましょう。長編小説を書くという彼の行為は、そのふるまいをブロイヤードに見せるところにポイントがあったと思われます。小説を書くということは、たとえ病いが治らぬことがわかっていても、私にはまだやることがあるという目標を示しています。そして、その行為を行っているうちは、私はまだ希望を持っているということにつながります。つまり、ポールは「小説を書きながら希望をもって生きる私」をブロイヤードに対して見せた、ということです。そして、アルコール依存のセルフヘルプ・グループで、人々が、他の参加者に「飲まずに生きる私」を語ることで実際にそうあろうとするのと同じように、ポールはブロイヤードに対してそのようにふるまうことで、自分自身がそうなろうとしていた一面があるかもしれない。この点について、ブロイヤードは、ポールは自分の「スタイル」をもって病いを生ききったのだ、だからポールは失敗者などではない、と述べています。

　ただ、その一方で、ブロイヤードは、ポールが見せようとしている姿を彼のすべてと思うべきではない、ポールはそばに誰もいない時は「窓のない壁のなかで荒れ狂う魂」（絶望にうちひしがれる、の意）だったかもしれない、と指摘しています。確かにこれは重みのある指摘です。そのような一面はおそらく本人以外には見えないでしょうし、だからこそ私たちがいつも気に留めておくべきことかもしれません。しかし、それでも、次のようにも考えることができます。もしポールに、ブロイヤードという存在がなかったとしたら、彼はいつでも「荒れ狂う魂」でいざるをえなかったかもしれない。そこにブロイヤードとい

う存在があったからこそ、ポールは「荒れ狂う魂」に100％なりきってしまうことなく、違った自分を表すことができた。そして、うまくすれば、その「違った自分」の方が、「荒れ狂う魂」をしのいでしまうほどの勢いをもつ時も生まれるかもしれない。そこにこそ希望の糸口があるのではないか、と。すると、欠かせないのは、自分の物語の聞き手となってくれる「誰か」、あるいは、見せようとする自分のスタイルを見てくれる「誰か」である、ということになります。

　このようなところに、本書の着想の原点があります。近年、セルフヘルプ・グループという言葉が、以前に比べると知られるようになってきており、また、ピア・サポート（仲間同士の支え合い）の意義が改めて注目されるようにもなってきています。しかし、根本的なところで、それらのどこに意義があるのか、そもそも仲間同士が出会うことで何がおこっているといえるのか、こうしたことは「知っているようでいて、実はわからない」ことだといえます。これに対して、セルフヘルプ・グループあるいはピア（peer、「仲間」の意）を、物語を聞いてくれる「誰か」、あるいはスタイルを見てくれる「誰か」としてとらえてはどうか、あるいはそのようなものとしてピア・サポートを構想していってみてはどうか、と考えているのです。

　この本の執筆者たちは、セルフヘルプ・グループもしくはピア・サポートに関して研究を行ってきた者たちです。取り扱っている事例はそれぞれ別のものであり、また言いたいことの力点もそれぞれ異なっています。セルフヘルプ・グループやピア・サポートの有効性に力点をおくものもあれば、その限界や留意点に力点をおくものもあります。しかし、どの執筆者も、苦しみの中にあって仲間と会うことに何らかの意味があると考えている点では一致しています。問題なのは、それがどのような点で「意味がある」といえるのかであり、そのことに関して少なくとも私たち自身が心の底から納得できるような論理的な説明に、「物語」という観点を導きとして、挑んでみたいのです。このように、苦しみを抱える仲間同士の支え合いで一体何がおこっているといえるのかにこ

だわることで、ピア・サポートの社会学が切り開かれていくと考えます。それは、まだ始まって間もない歩みであり、十分に切り開かれているとまでは言えません。ただ、その中でも「物語」という観点を持ち込むことで得られた収穫がどのようなものか、最後に（第6章で）ふりかえっておきたいと思います。

　以上のように、この本は、今後重要になるだろうピア・サポートについて社会学からのアプローチを開拓する目的で書かれていますが、それと同時に、社会学を専門的に勉強する人以外に対しても、苦しいときに仲間と会うことにどのような意味があるのか、一緒に考えてみませんかと誘ってみたい、というねらいももっています。セルフヘルプ・グループやピア・サポートというものについて少し聞いたことがある人がもつかもしれない疑問に対して、あるいは、それらの活動に関わったことがある人が無力感から自信をなくしてしまうときに、本書は何らかのヒントを含んでいる可能性があります。もちろん、内容的に少し難しく感じるところもあるでしょうから、ささやかながら次のような工夫も施しました。まず、敬体文（「〜です。〜ます。」）を採用することで、講演で聴衆に語りかけているようなイメージを心がけ、必要以上に難しい言い回しにならないよう努力しました。また、専門的な内容はできるだけ注に入れて、本文を読み進めるのに邪魔にならないようにしています。ただ、注にすべき内容の中でも、とりわけ多くの人に一読していただきたい部分については、コラムという形にして本文中の目につきやすい場所に埋め込んであります。文献に関する情報は、本文中には最小限（著者名と出版年）のみにとどめ、詳しい情報は、巻末の文献リスト（アルファベット順）を見ていただく形をとっています。

　各章は5つの事例を扱った独立した内容ですが、第1章は、この本全体を貫く問題意識や枠組みに関して扱っており、また第6章は、この本の研究成果をふりかえる部分になっています。したがって、各自が興味のある事例を扱っている章から読み始めてよいと思いますが、この本全体の主旨や枠組みをとらえるには、これら2つの章（第1章と第6章）を読んでいただくのがよいと思います。

この本が、今後のピア・サポート研究の展開につながるとともに、さまざまな人へのヒントとなるよう願っています。

　2013年夏

編　者　　伊　藤　智　樹

目　　次

はしがき

1　ピア・サポートの社会学に向けて …………………………… *1*

 1　ピア・サポートの定義　　(*2*)
  ――本書が対象とする範囲について――
 2　ピア・サポートとセルフヘルプ・グループ　　(*6*)
 3　先行研究のレビュー　　(*8*)
 4　ナラティヴ・アプローチからみるピア・サポート(1)　(*12*)
  ――「物語」という観点――
 5　ナラティヴ・アプローチからみるピア・サポート(2)　(*20*)
  ――セルフヘルプ・グループと「共同体の物語」――
 6　ピア・サポートの社会学を切り開く――事例紹介　(*22*)
 ま と め　(*29*)

2　〈聴く〉場としてのセルフヘルプ・グループ …………………… *33*
 ――認知症家族会を事例として――

 は じ め に　(*33*)
 1　家族介護とはどのような経験か？　　(*34*)
 2　ピアだから支え合えるのか？　　(*36*)
 3　認知症家族会における共同体の物語　　(*42*)
 4　共同体の物語を醸成する聴き方　　(*48*)
 お わ り に　(*64*)

③　複数のセルフヘルプ・グループをたどり歩くことの意味 ……… 69

　はじめに　(69)
　1　AさんにとってのGAとEA　(75)
　2　GAにおける共同体の物語とAさんの物語　(80)
　3　EAにおけるAさんの物語と共同体の物語　(87)
　4　セルフヘルプ・グループのメンバーにとって
　　　　　　複数のグループをたどり歩くということ　(90)

④　葛藤を承認すること、沈黙を共有すること ……………………… 93
　　　　──あしなが育英会を「物語の共同体」として読む試み──

　はじめに　(93)
　1　この章でとりあげる事例に関する導入　(95)
　　　　──「自死遺児」「あしなが育英会」「つどい」──
　2　自死遺児たちの手記集『自殺って言えなかった。』
　　　　　　にみられる物語の筋（プロット）　(97)
　3　共同体の物語と自己物語との間　(106)
　　　　──語れるようになるまでのプロセスについて──
　おわりに　(117)

⑤　「聴く」ことと「つなぐ」こと ……………………………………… 123
　　　　──犯罪被害者に対する総合的支援の展開事例──

　はじめに　(123)
　1　「聴く」こと　(129)
　2　「つなぐ」こと　(140)
　3　「巻き込む」こと　(146)
　おわりに　(151)

6　本書のまとめと考察 ……………………………………………… *157*

　　1　本書はいかに先行研究の不足を補い前進させたか　(*157*)
　　2　共同体の物語について　(*161*)
　　3　聞き手（聴き手）としてのピア　(*163*)

あとがき（謝辞）　(*169*)

参考文献　(*171*)

# 1　ピア・サポートの社会学に向けて

　苦しみを抱える仲間同士の支え合いで、一体何がおこっているといえるのか。この本では、この問題にこだわって考えてみたいと思います。

　ここでいう「仲間」は英語で「ピア（peer）」と呼ばれるものを指しており、そのような支え合いは「ピア・サポート（peer support）」と呼ばれます。

　近年、ピア・サポートへの関心は高まりつつあり、それに関する研究も増えてきています。そこで基盤になっている問題意識は、従来の専門的援助だけでは足りない部分があり、その部分にピア・サポートの力を活かすことができないか、というものです。医療においては、たとえば糖尿病患者の自己管理や乳がん患者の心理・社会的なサポートなど、専門家だけではカバーしきれないと認識されている領域で、既にさまざまな取り組みが行われています[1]。また、メンタルヘルスの領域においては、病院や施設だけでなく地域コミュニティにおいて人々は病気に苦しみつつも主体的に対処していくのだ、という考え方にピア・サポートが接続されます。そのような生活全体を専門家がカバーすることはできず、何らかの形で専門家と連携をもったピア・サポーターが病いを持つ人を支えていく、ということです[2]。

　このようにしてみると、今後ますますピア・サポートへの期待が高まるのではないかと考えられます。その際、ともすればなおざりにされてしまうかもしれないピア・サポートの内実に切り込むような研究を、この本で目指してみたいのです。「同じ問題をもった仲間」というと、なんだかそれだけでいかにも「サポート」してくれそうな気がしますが、果たしてそのようなとらえ方でい

いのでしょうか。もちろん、仲間が何らかのサポートをしてくれることは実感として多くの人が認めていますし、私もそう思いますが、いつでもそうだといってよいのか。あるいは、確かにピア・サポートが行われていると私たちが認識できるとき、それは具体的にどのようなサポートだといえるのか。大切なことは、根幹となるべきピア・サポートの特徴を浮かび上がらせることであり、また、そのことを通して初めて、ピア・サポートを盛りたてていきながら、同時にピア・サポートに対して何もかも期待するのを慎み、その限界点を冷静に把握できるのではないかと思うのです。

そこで、まずこの章では、本書がピア・サポートについて考えるため枠組みを整備します。また、少し欲張りかもしれませんが、抽象的な話で終わってしまうと飲み込みにくいかもしれませんので、後半では具体例も挙げて分析しながら説明したいと思います。

まず、「ピア・サポート」という言葉の意味を、きちんと定式化するところから出発して、この本でカバーできるのがどの範囲なのかを説明しましょう。

1　ピア・サポートの定義
――本書が対象とする範囲について――

この本では、ピア・サポートを「ある人が同じような苦しみを持っていると思う人を支える行為、あるいは、そのように思う人同士による支え合いの相互行為」ととらえます。ここでいう「同じような苦しみ」とは、たとえば同じ病いをもっているとか、同じ行動に関する悩みをもっているとか、あるいは同じ体験をもっているといった共通性を認識できる苦しみのことを指します。

「苦しみ」を定義に含めることで、苦しみの持ち主としての**当事者性**が重要になってきます。病いや問題に関する苦しみは、それをもつ本人のものですから、その本人が当事者です。ただし、本人だけではなく、病いや問題に巻き込まれた家族もまた独特の苦しみをもつことがあります。この本では、そのような家族の苦しみも扱いたいと思います（この本の第2章で取り上げる認知症の人の

家族がその例です)。実は、「当事者」の範囲は、もっと広げて考えることも可能ではあります。たとえば、本人の苦しみに直接対応することで怒りをぶつけられたり、あるいは持続的にその人に関わることで無力感にさいなまれたりするといったような支援者側の悩みがあります。支援者もその病いや問題に関与することで苦しみ、また場合によってはそれほど簡単に離脱できないことも少なくないため、そのような人たちもある意味では病いや問題の当事者だ、という言い方も可能ではあります。もちろん、このような悩みを軽視してよいわけではなく、何らかの支援(いわゆる支援者への支援)も意義があるでしょう[3]。ただし、その際、たとえば次のような事態も考える必要があります。つまり、苦しみをどうやってサポートするか皆で一生懸命研究しているうちに、いつの間にか、「本人をどう支援するか」よりも「支援者をどう支援するか」が目立ってしまう、という事態です。支援者の方が研究対象としてアクセスしやすい(方法的にも倫理的にも難が少ない)ために、そのような偏りはおこりがちです。これに対して、苦しみの持ち主としての本人、および巻き込まれる度合いが最も強いことが多い家族に対して、第一義的な関心を寄せるという「当事者性」の意識の仕方は、そういった偏りを未然に軌道修正しようとする方針を意味しています。

　「苦しみ」は**修復困難**である場合に非常に大きいと考えられます。この章の後の部分でも出てきますが、アーサー・フランク (Frank 1995) は、「回復の物語 (the restitution narrative)」という概念を提出しています。「物語」については、後の部分で説明しますので、ここでは「回復 (restitution)」という部分に着眼したいと思います。この言葉は、私たちが日常的に使う「回復」よりも限定された意味で用いられるので、注意が必要です。この物語は、「昨日私は健康であった。今日私は病気である。しかし明日には再び健康になるであろう」という基本的な筋書きを有する、とされています (Frank 1995=2002: 114)。具体的には、次の特徴をもちます。

（1） 物語の中間部をなす「病気」の状態は、あくまでも一時的な中断ないし脱線として描かれる。
（2） 物語の結末が元の状態に戻ることとして描かれる。それによって、病いは、ちょうど機械の故障がなおるように、医薬品や医療技術などによって修復されるものとして描かれることになる。
（3） 主人公がどう病いに対処したのかよりも、むしろ、専門技術を持つ他者ないし治療を可能にする他者の能力と活躍の方が、雄弁に語られやすい。

 アーサー W. フランク

医療社会学者。39歳の時に心臓発作を、そして40歳の時に睾丸癌を体験します。その後寛解（病気自体はなくなっていないが、安定していて特別な治療を要しない状態）に至るものの、近代社会の「医療」の中で人間の苦しみは語りにくいという思いを抱きます。代表的な著書として、『からだの知恵に聴く――人間尊重の医療を求めて』（井上哲彰訳、日本教文社、1996年、原著1991年）、『傷ついた物語の語り手――身体・病い・倫理』（鈴木智之訳、ゆみる出版、2002年、原著1995年）があります。

たとえば、ある人が病気やけがをしていて、しばらくぶりに友人に会ったとします。友人は「やあ、顔見なかったね。どうしたんだい？」と尋ねます。その人は、「こないだ××という病気になって、苦労したけど、いい医者が見つかって、こんなふうにしてもらって、おかげさまでまたここに出てこられたよ」と説明するでしょう。これは、友人の求めに応じて「回復の物語」が語られた例です。こんな話であれば、友人も「ああ、そう。よかったね」と安心して答えることができ、また以前と変わりのない2人の関係が再開されるでしょう。

ところが、そのような話を語ることができないときは、どうでしょうか。特に、先に挙げた（2）の「元の状態に戻った」という結末を語れない場合です。このようなときには、友人も何と言葉をかけてよいかわからないでしょうし、その場の雰囲気も気まずくなるかもしれません。そもそも、そうしたことを予想して、その人は友人の前に顔を見せなくなる、ということがおこりがちではないでしょうか。

　元通りに戻る道筋を描けないことで、孤独感は深まり、苦しみは大きくなります。そのような体験は少なからずあって、この本で扱う苦しみもその種のものです。第2章で取り上げる認知症の人の家族の体験は、認知症の人と自分との関係を修復されるものとして語れない苦しみをベースにしています。そのような状況の中で介護にかなりの負担を負う際、一体どのように介護のプロセスを生きるのかが問題となります。第3章の事例となる人は、ギャンブル依存と対人関係の問題との間で曖昧さのある人ですが、そもそも元通りに戻る物語を自分にぴったりとあうものとして語れないところに、そうした曖昧さの源があります。私たちはしばしば、「まず『問題』があって、それに対して『解決』が導かれる」と考えがちですが、この例は、むしろ、自分にあう（解決プロセスまで含む）物語が決まって初めて「問題」が確定できる、という側面があることに気づかせてくれます。第4章で取り上げられる自死遺児の場合、その喪失はいかなる意味でも容易に埋め合わせられるものとは考えられず、遺児たちはまさに修復困難な体験の中を生き続けることになります。第5章で取り上げられる犯罪被害者の例も、その体験自体を消失させたり除去したりすることで修復を図ることが困難な例です。しばしば社会的には「ある程度時間がたてば克服されるだろう」ということが期待されますが、そうした期待を感じること自体が被害者にとっては苦痛になりえます[4]。

　この節では、ピア・サポートを定義して、特にその「苦しみ」の部分について考察を加えました。一般的に「ピア・サポート」と呼ばれる活動には、必ずしもここで述べた「修復困難な苦しみ」に関わらないものも含まれると思いま

す。たとえば、効果的な教育・学習の中にピア・サポートを組み込むという場合、それは支援ではありますが、必ずしも修復困難なほどの苦しみに関わっているとは限りません（もちろん、いちがいに無関係といえない部分もあるかもしれません）。また、授乳や子育てにあたる母親をピア・サポートで支えるという場合にも、同様と思われます。このように、この本ではピア・サポートと呼ばれるものをすべて扱うのではなく、一定の範囲に限定して研究します。

2　ピア・サポートとセルフヘルプ・グループ

　さて、前節で述べたピア・サポートの定義には、それが「行為」または「相互行為」であるという部分がありました。ピア・サポートは何かをすることであり、また、かりに特定の場面では一方向的にみえたとしても、より大きな範囲や長いプロセスとしてみれば、サポートを受ける側が与える側にも立つという意味で、たがいに何かを行うことです。

　たがいに何かを行うプロセスには、言葉をつかったやりとりの部分と、言葉以外のやりとりの部分とがあります。後者については、私はパーキンソン病をもつ人々によるリハビリテーション・サークルの研究を行ったことがあり（伊藤 2011, 2012）、この章の後で述べる事例でも重要な着眼点として述べますが、この本全体としては、主に前者の言葉をつかったやりとりを扱います。言葉をつかって「たがいに」行うということは、ある人が一方的に何かを言う側に立ち続けるのではなく、聞く側に立つこともある、そして逆もしかり、ということです。したがって、この本では、ピア・サポートについて、（1）**苦しみに関して何かを語り、またそれを聞く（聴く）ようなコミュニケーションの場が形成されていること**と、（2）**語り手および聞き手（聴き手）の立場を互換できること**、という 2 点を基本的な要素としてとらえたいと思います。

　このような点については、これまで蓄積されてきた**セルフヘルプ・グループ**研究が、参考になると思われます。セルフヘルプ・グループとは、従来型の専

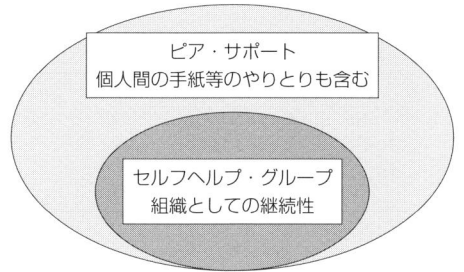

図1-1　ピア・サポートとセルフヘルプ・グループ

門的治療や援助の枠の外側にできた、何らかの問題や目標を抱える当事者グループを指します（伊藤 2000）。セルフヘルプ・グループは、専門的治療や援助の外側にできるものではありますが、そうはいっても、多くのセルフヘルプ・グループは、専門家を完全に排除しているわけではなく、グループによってばらつきはありますが、一定の範囲で専門家の参加を認めたり、講演を依頼したり、アドバイスを求めるなど協力関係を築いています。その意味で、セルフヘルプ・グループは、仲間同士によるメンバーシップや運営にこだわりながらも、専門家とのつながりにも開放的な部分を有しています。

　ピア・サポートの観点からすると、多くのセルフヘルプ・グループでは、先に述べた2つの特徴をもつ人々のやりとりが行われており、その意味で、**セルフヘルプ・グループはピア・サポートの主要な場を成す**、と考えられます。セルフヘルプ・グループの場合には、組織としての継続性（途絶えることはしばしばあるが、時間をおいてまた再興されたりする）をその特徴としており、参加する人々に「いつでも定期的に開かれている」という安心感を与えることができます。ただし、**セルフヘルプ・グループはピア・サポートが生じる場のすべてではない**、ということもおさえておきたいと思います。個人同士の電話や対面でのやりとりや、個人史を書く営みなどもあり、これらのグループと関わらない活動もピア・サポートとしてとらえられます。図にまとめると、図1-1のようになります。

3　先行研究のレビュー

　この章の冒頭でも述べた通り、近年、ピア・サポートへの関心は徐々に高まりつつあり、それに関する研究も増えてきています。従来の専門的援助だけでは足りない部分にピア・サポートの力を活かしたいという関心が、それら研究の背景にあり、ピア・サポートに対して肯定的に評価するものが多いように見受けられます。ただ、それらの研究には問題点も残されています。

　ひとつ目の問題は、それらの研究の大部分が、ピア・サポートの**効果を測定する**というやり方をとっていることです。そこでの効果測定は、何らかの生理的な指標や心理学的な指標を採用したうえで、ピア・サポートをスタートする時点と、その後の時点との数値を測って比べるというものです。ここでいう生理的指標というのは、たとえば糖尿病の場合では血糖値や血圧などといったものが含まれており、心理学的指標というのは、気分や自己イメージの肯定的な度合いなどを測定するために開発されたさまざまな尺度で測られるものです。

　もちろん、これらの効果測定にも一定の意味はあると思います。というのも、専門職集団に対してピア・サポートの有効性を説得的に示そうとすれば、その集団で認められている基準や尺度を用いて効果を測定するのが堅実な方法だと考えられるからです。ただし、それらは、あくまでも、ピア・サポートが人々にとって有効に働く結果を測定しているのであって、ピア・サポートが人々にとってどのようにはたらくのかという疑問に対しては、何も答えてくれません。

　他方で、２つ目の問題として、**ピア・サポートのはたらきについては、詳しいことはあまりわかっていない**のです。この点も含めて、先行研究のレビュー（見直して検討すること）を行って、議論を整理した（それゆえ他の論文でもしばしば引用される）論文をみてみましょう。医療のピア・サポートに関するレビュー論文であるシンディ゠リー・デニス（Dennis 2003）は、ピア・サポートの特質を、(D1) 感情のサポート、(D2) 情報のサポート、(D3) 評価的サポート

の3つに整理しています。それぞれを簡単に説明すると、(D1) 感情のサポートとは、気にかけられているとか認められているといった言葉で表現できる肯定的な感情を持てるようにするサポートであり、(D2) 情報のサポートとは、病いや問題を抱える人が欲しいと思う情報についてアドバイスを受けられることであり、(D3) 評価的サポートとは、その人が適切な自己評価や感情・認知・行動を持続的に持てるようにする（たとえばよいことをすれば褒めるといった）コミュニケーションを指しています。また、メンタル・ヘルスのピア・サポートに関するレビュー論文であるフィリップ・ソロモン (Solomon 2004) による整理は、(S1) 感情のサポート、(S2) 道具・手段のサポート、(S3) 情報のサポート、という3つになっています。このうち、(S2) と (S3) は、先に挙げたデニスの (D2) に対応しており、その中で具体的な道具（例：便利な介護用品および使用上の工夫）や問題に対応する手段となるサービス（例：治療費助成制度）などに関して (S2) として分離されています。逆に、デニスの (D1) と (D3) は、まとめて (S1) とされています。このようにしてみると、ピア・サポートの機能は、大きくみれば、感情に関する部分と情報に関する部分とに整理されているのがわかります。そして、いずれの文献でも、セルフヘルプ・グループの機能について論じた先行研究について言及があり、特に、デニスとソロモンの両者とも、トマジーナ・ボークマンの体験的知識論 (Borkman 1976) への言及が見られます[5]。

このように、現在までのピア・サポート研究では、ピア・サポートがどのように機能するのかということに関して、感情面／情報面といった分類が行われる一方で、その理論的基盤として従来のセルフヘルプ・グループ研究が援用される、という構図になっています。しかし、ここで少し立ち止まって考えてみましょう。果たしてこれでいいのでしょうか。

まず、感情面について。確かに、ピア・サポートの結果として肯定的な感情をもてる例は数多く認められます。ただ、それを「仲間と会ったから、肯定的な感情をもてるようになった」とだけいって納得できるでしょうか。病いや問

題の中で落ち込んでいる人が、仲間、それもその人が「仲間」と認めるかどうかまだわからない人物と会って、いきなり感情が好転するものでしょうか。むしろ、そこには長く複雑なプロセスがあると考える方が自然です。たとえば、ある人がセルフヘルプ・グループに初めて参加して「とても楽になりました」と語るとき、その人には、どんなに落ち込んでいても「このままでいいものだろうか」というかすかな疑問、あるいは変化の芽のようなものがあって、それに仲間との出会いが結びつけられながら、次第に肯定的な感情として語られるようになっていく、ということではないかと考えられます。このように考えると、感情は、変化を説明する独立的な要素というよりも、むしろ、その人の変化のプロセスの一部分として語られるものである、と考えた方がよさそうです。つまり、仲間に会えば自動的に「自分だけじゃないんだ」という感覚が得られるわけではなく、むしろ、ある程度の変化を遂げる中で、仲間によって助けられているという感覚、あるいはこれからもこのようにやっていけば大丈夫という予感が生じ、そうした感情の総体が「自分だけじゃない」という表現で語られるのだろう、ということです。逆に、たとえばこの本の第3章で登場する「Aさん」のように、第三者からみると「仲間」と思える人に会っても、何か居心地が悪いという感覚しかもてない（したがってAさん自身の感情も全体として肯定的になっていきにくいと考えられる）場合もあります。このようなときは、「Aさんは自分の問題を受容していない」などと頭から決めてかかるのではなく、そうした背景になにがあるのかを考えてみるべきです。もしAさんが（はっきりとした言葉で表現できないまでも）イメージする自身の変化に、その人たちが直接関連しないと思えば、その人たちはそもそも「仲間」とは感じられないでしょう。

　次に、情報面について。確かに、ピア・サポートを経験した人は、「いろいろな情報を得ることができた」としばしば言います。また、実際に、問題への対処の仕方や療養上の工夫など、情報と呼ぶにふさわしいものがピア・サポートの現場では交換されています。しかし、ピア・サポートとして行われるやり

とりをみたとき、すべてがそういった情報の交換なのかと考えると、疑問符がつきます。たとえば、セルフヘルプ・グループに初めて来た人が、自分の来歴を語ってただ泣いていた、というケースを考えてみます。そこでは何の情報も交換されていませんが、もしその人が、ただ泣いている状態から何らかの変化を遂げ、後になって、その日泣いていた出来ごとを、自分の変化のプロセスの一端として位置づけて語ったとしたら、それはその人にとって大きな意味のある「サポート」だったということになります。しかし、「情報」という観点では、こうした部分がすくいとれません。**情報のやりとりは、確かに重要ではあるけれども、ピア・サポートの一部分にすぎない**、と考えるべきです。また、最近は、インターネットが発達・定着したために、「情報ならインターネットで十分に得られるのではないか」という疑問が呈される場面も目につきます。ピア・サポートの機能を情報にのみ求めていたのでは、この疑問に対して有効に回答できないように思われます。

　このように、ピア・サポートの機能をとらえる研究は、まだ十分に進んでいません。これを進めるためには、情報という観点ではすくいとれない面があることを認め、そして肯定的な感情をもてるようになる人間の変化のプロセスに着目し、考察することが肝要です。そのためのいわば道具立てとして、この本では「ナラティヴ・アプローチ」を導入します。というのも、現在のところ、ナラティヴ・アプローチが、人間の変化を記述する枠組みとして優れていると考えるからです。それは、ピア・サポートの機能をすべて説明できるとは限りませんが、現時点で最も有効かつ有望です。とはいえ、ナラティヴ・アプローチと一口に言っても、実際にはさまざまなバリエーションがありますので、以下では、この本で用いるナラティヴ・アプローチの枠組みについて説明しておきます。

4　ナラティヴ・アプローチからみるピア・サポート(1)
　　――「物語」という観点――

　ピア・サポートにふれることによって、苦しむ人に何がおきうるのでしょうか。この本では、他者の語りに触発されて、自分自身の変化を語るようになるチャンスが生じる、という部分に着目します。そのような部分に着目するために、「物語」という観点を研究方法に取り入れてみたいと思います。

　そもそも「物語」とは何なのか。この本では、「物語」を「事象」の連鎖と定義します（伊藤 2009）。「事象」というと難しいかもしれませんが、英語に直すと「イベント（event）」ですから、「（物語の中の）出来事」と思った方が親しみやすいかもしれません。「事象（出来事）」には、「（誰それが）～する」という行為や、「（何々が）～である」という状態が含まれます。これらが連鎖すると、「（誰それが）～する。そして、（誰それが）～する」というふうに、何らかの時間的な推移ないし変化が発生します。

コラム 2　物語・ナラティヴ・ストーリー

　「物語」に対応する英語としては、「ナラティヴ（narrative）」と「ストーリー（story）」とがありますが、これらは非常に異なった仕方で用いられることがあります。比較的よく聞かれる区別として、プロット（後出）によって「ナラティヴ」から「ストーリー」を区別する用法があります。つまり、「ナラティヴ」というと、時間的な出来事の単なる羅列も含むのに対して、「ストーリー」はプロットを有している、という区別です。しかし、たとえば E. フォースター（Forster 1927）の用法はまったく違います。彼は、時間の進行に沿って語られたものを「ストーリー」と呼び（例「王様が死に、それから王妃が死んだ」）、それに対して、単に時間的進行だけでなく因果関係に重点をおくものを「プロッ

ト」と呼びます（例「王様が死に、そして悲しみのために王妃も死んだ」）。ここでの「ストーリー」は、さきほどの用法では、むしろ「ナラティヴ」の方に対応しています。また、アボットは（Abbott 2008）、「ストーリー」を、「ナラティヴ」の中でもきわめて完成度の高いもの、つまり断片的ではない、整然とした筋立てをもったものとして区別していますが、ここでの「ストーリー」は、単に「プロットを持っている」というよりもかなり限定されます。このように「ナラティヴ」と「ストーリー」とは、さまざまな用いられ方をしますが、この本では、引用または言及する先行研究にしたがって論述する場合を除いて、本文中の定義にもとづいて「物語」という表記を用いていきます。

　私たちは、苦しいことや困難なことにあったとき、物語の形で考えたり語ったりすることがしばしばあります。たとえば、苦しいことを乗り越えようと「成長する自分」をイメージしたり、「自分らしさ」を思い出したりする、というふうにです。「物語」というと虚構（フィクション）を特質とする文学の一領域と考えがちですが、このようにして考えると、実は私たちの日常生活や思考の中にもしばしば生じ、活用されていると考えることができます[6]。病いの体験も、「苦しいことや困難なこと」の典型例として、しばしば物語が産み出される場面となります（もちろん、物語を産み出すことを拒絶するという場合もあります）。そうした場面で産み出された、私たちが作る自分自身を主人公とする物語（これを「自己物語」とも呼びます）は、人生の時間的変化や成り行きをイメージさせ、自分自身がどのような行為を選択するのかに影響を及ぼすと考えられます。

　さて、本書が「物語」に着眼し分析を行うとき、具体的にどのような部分に注目するのか、もう少し掘り下げて考えておきたいと思います。

（1）　筋（プロット）
　まず、ひとつの着眼点は、「その物語は、どのような筋をもっているか？」です。「筋」に最も近いと考えられる英語は「plot（プロット）」ですが、この

「プロット」という言葉は、文学理論では、ひとたび「プロットとは何か？」と問えば論争がおこるような言葉で、実際にさまざまな意味で用いられています（Abbott 2008: 240）。一方、日本語の辞書で「筋」を引くと、「道理」「論理的な流れ」「意味合い」といった言葉が出てきます。この本では、単なる「事象の連鎖」だけにとどまらない「意味ある秩序」を指すものとして「筋」をとらえます。たとえば、私たちの多くが親しんでいるシンデレラの物語は、「12時が迫りシンデレラは去った」「王子が後を追った」「王子は靴の片方を見つけた」等々の事象（出来事）によって構成されています。しかし、これらの事象（出来事）が集まって物語を構成したとき、たとえば「成功（階層上昇）の物語」とか「苦難に耐えることはよいことであるという物語」等々、何らかのまとまりをもったものとして理解されます。このようなまとまりは、しばしば「どんなふうに生きるべきか」「どんなことが価値あることなのか」に関わる点で、人間社会にとって意味のあるものです（もちろん、それがある人々にとっては抑圧的である場合もありえます）。これが「意味ある秩序」の意味です。

　さきほどの苦しいことや困難なときに物語を語る例に立ち戻ってみると、苦しいことを乗り越えようと「成長する自分」をイメージするというのは、成長物語の筋によって未来をイメージすることだといえます。

　この本から挙げられる例として、たとえば第3章で取り上げるAさんは複数のセルフヘルプ・グループの間を渡り歩きますが、物語の筋に着目することで興味深い解釈が可能になります。彼は、当初は自らの問題をギャンブルにあると考え、ギャンブル依存のセルフヘルプ・グループに参加します。しかし、そこで彼は居心地の悪さを感じ、そのグループから離れていきます。このときの彼の居心地の悪さは、ギャンブル依存のセルフヘルプ・グループで語られる物語の特徴的な筋に対する違和感としてとらえられます。そして、その後のAさんの行動や語りをみると、別の筋をもつ物語を（少なくとも当時の）彼が目指したかったのではないかという見方が浮かび上がります。

（2） 登場人物の性格づけ（キャラクター）

次の着眼点は、「その物語の主人公はどんなキャラクター（性格）なのか？」です。どんな物語の登場人物にも何らかのキャラクターがあります。勤勉な努力家である、皮肉屋である、明るさを失わない、あるいは社会を変えるために断固闘う、等々。イギリスのケンブリッジ大学で小説について講義したエドワード・フォースターは、小説において、プロットをしっかりさせることと、登場人物をしっかり描くこととは両立させ難いと述べています（Forster 1927=1994: 第5章）。小説とは事情が異なりますが、私たちが語る物語にも、筋ははっきりしているが登場人物がどういう人なのかあまり頓着しない物語があります。逆に、筋ははっきりしないが「とりあえず自分はこういうキャラでやっていきたい」という語り方をすることもあります。このように考えると、キャラクターは筋と並んで物語の重要な要素といえます。

さきほどの苦しいことや困難なときに物語を語る例に立ち戻ってみると、苦しいときに「自分らしさ」を思い出すというのは、主人公のキャラクターを基準に行為選択をしようとすることであるということがわかります。

この本から挙げられる例として、この章の後（第5節）で登場する村上さんの物語は、キャラクターという観点から有効に分析できます。彼自身は、必ずしも自分の病いのプロセスを一定の筋で語ったわけではありませんが、身体を伴うやりとりを通して、印象的なキャラクターが浮かび上がります。そのことが、困難を見事に乗り越えるプロセスをほうふつとさせると考えられます。

（3） モチーフ

モチーフは、人々の物語の中で繰り返される具体的な物、イメージ、あるいはフレーズを指します（Abbott 2008: 237）。たとえば、アルコール依存のセルフヘルプ・グループでは、ハイヤーパワーという特徴的な言葉がありますが、これは、物語の中で酒におぼれた主人公が「自分より大きな力（ハイヤーパワー）」に導かれるようにしてどん底から再生へと向かう、というふうに物語の

運命性に結びつけられる形でしばしば用いられます（伊藤 2009）。ただし、そのような用いられ方だけでなく、自分の洗いざらいの過去を語る相手（個別具体的な相手ではなく、もっと大きな存在＝ハイヤーパワーに向かって語る）という用いられ方の例も報告されています（葛西 2007）。このように、モチーフは、一定の物語の筋に結びつくことがあるけれども、必ずそのように用いられ方が限定されるとは限りません。

　この本の第3章では、ギャンブル依存のセルフヘルプ・グループ（GA）においても同様のモチーフが認められることが指摘されています。また、第2章では、近年出版された介護体験記のなかに、「頑張らない介護」、「ふまじめ介護」、「笑う介護」などといった言葉が目につくことが指摘されています。これらの悪い印象を与えかねない言葉がなぜ目につくように用いられるのかを、考えてみる必要があります。それは、これらの言葉をモチーフとして自己物語の中で機能させることによって救いを得た人がおり、他の人にもそうした言葉が使ってもらえるように提供されていることを示しています。

（4）　テーマ（主題）

　テーマは、日常的によく用いられる言葉だと思いますが、文学理論家のボリス・トマシェフスキーは、モチーフの集積が「テーマ」であると定義しています（トマシェフスキー　1925=1982）。「集積」というだけでは大雑把であるように思えますが、おそらくポイントは、物語全体をもって何かを示すというところにあるのだろうと考えられます。そこで、この本では、さまざまなモチーフに整合性を求める「〜について」という観念を指す、ととらえます[7]。

　この本から挙げられる例として、第2章でとりあげる認知症の人と家族の会では、さまざまな体験の語りやそれにもとづいたアドバイスが出されます。それらは、家族はいつの間にか介護を背負い込みがちであり、そのことが心身的なダメージとなって破綻に結びつきかねない、という危機感にかかわっています。したがって、むしろ介護の「手を抜く」という感覚を強調する方がよい場

合が少なからずあります。語られるエピソードは個別具体的で、これといった筋が共通しているとも言い難いのですが、それらが「手抜き介護」についてのものであるという点では整合しているといえます。

（5）　声

　筋やテーマのある物語の場合、人々の言葉は、整然としたまとまりとして理解できるでしょう。ただ、人が語る物語は、いつでもそのように整然とまとまっているものでしょうか。むしろ、ひとつの筋やテーマにはまとめきれないような要素が混じってくることもありうるのではないでしょうか。

　このような要素を見逃すのではなく、あえて意識することに意義があるケースがあります。たとえば、伊藤（2005）は、吃音のセルフヘルプ・グループにおいて、参加者が、吃音が修復困難であることを受け入れて、新しい物語を紡ぎ出していくプロセスを分析しています。しかし、そこでの事例をみると、新しい物語をまさに紡ぎ出そうとするとき、沈黙や言い淀みなどが表れて、そのような物語を見事に語りきることに語り手がなおためらっていることを示します。このような細かい沈黙や言い淀みを見逃せば、語り手は物語の変化を完全に遂げた英雄的な人物に見えますが、それらをあえて「ためらいの声」として注目することで、「回復の物語（the restitution narrative）」への思いをもちつつ変化を模索する語り手の世界が浮かび上がってきます。

　このように「声」は、物語を表面的にみたときにしばしば見逃されがちな要素を指します。それは、何らかの断片的な言葉である場合もあるし、沈黙や言い直しといった形をとることもありえます。これらは、物語の中で機能するかどうか未だわからないものです。声は、それが集まる過程を通して物語性を獲得することもありえますが、必ずそうなるわけではなく、むしろ物語としての完成を阻むこともありえます。そのような要素を、私たちはしばしばノイズのように扱って、苦しみの中にある人の物語をわかりやすい形におしこめようとしがちです。しかし、そのようなときこそ、むしろ声に注目して、物語の複層

性をとらえることが、苦しみになお耳を傾けることにつながっていきます。[8]

　この本から挙げられる例として、第5章で取り上げる犯罪被害者への支援において、被害者の声はしばしば途絶えがちであることが指摘されます。一般的には、被害者は、1人にしてほしいと思っていて、既にいろいろな支援を誰かから受けているから、プライバシーの配慮こそが肝腎と思われがちですが、それこそが私たちにとってわかりやすい「被害者の物語」になってしまっている可能性があります。逆に、被害者の声が適切な聞き手をいまだに得られていないことを意識することが、まずは重要になると考えられます。

（6）　身　体

　物語は言葉によって構成されますが、よく知られている通り、コミュニケーションには言語的な要素と非言語的な要素とがあります。このうち後者の非言語的要素には、身振り等を発する私たちの「身体」が関わっています。

　たとえば病いで発音がままならなくなった人がセルフヘルプ・グループの集会に参加したとします。その人は、意思伝達装置（コンピュータ等を介して意思を伝達する装置）を介して会話に参加することはできますが、一般的にそのテンポは口頭での会話よりも遅く、健常な頃と同じスピードで質疑応答をするわけにはいきません。また、人によっては、何もしゃべらずに終わることもあります。では、その人は、とりたてて意味のある言葉をその場では発しなかった、というべきでしょうか。否、その人は多くのことを語っています。その場に彼・彼女の身体があるというただそれだけの事実によって、病いが進むと何もできなくなる（閉じこもったような生活になる）という思い込みに対して端的に反証が示されています。彼・彼女は、他の人との交わりを求めていることを、身体を通して語っています。そして、その身体を見る人にとっては、他の人と交わりながら生きていこうとするその人の物語が、ほうふつとさせられるのです。

　このように考えると、物語を補完するものとして身体に着目するのが有意義

なケースがある、ということがわかります。伊藤（2012）では、パーキンソン病等をもつ人によるサークル「リハビリジム」の営みが、小さなエスノグラフィーとして記述されています。そこには、多弁な人もいれば無口な人もいますが、いずれも共に「リハビリ」を行いながら病いの中を生きていこうとしています。その際、小さな改善劇を一緒に目撃したり、あるいは思いのままにならぬ身体を笑い飛ばしたりする場面が表れます。そこでは、すべてが言葉で語られるのではなく、少し大げさにしたり何度も繰り返したりする身体の動きによって補われています。このようにして、物語を補う身体は、人々の営みの中に埋め込まれているのです。

この本から挙げられる例として、この後の第6節で取り上げられるALS患者村上さんの物語があります。彼は、いわば後輩患者にあたる清水さんの前で、喪失をものともしない前向きなエネルギーを示しますが、その多くの部分が彼の身体に負っていることが、分析の結果明らかになります。

これらの例にあるように、身体は物語を補いながら希望と前向きな生き方を切り開いていく要素となります。ただし、身体のはたらきはそればかりではなく、物語の限界を厳に示す、あるいは予感させるという部分もあります。たとえば、「できるだけ口を動かすトレーニングを行って、飲み込みの障害が進むのを遅らせる」という筋の物語を生きたいと思っている人がいたとします。その人がセルフヘルプ・グループで自分よりはるかに症状が進み経管栄養（管を通して流動食等を送りこむ方法。特に胃に小さな穴をあける方法を「胃ろう」栄養法という）になった人を見ることは、自分の生きようとする物語の限界をまざまざと見せつけられることを意味しています。その人はショックを受けるかもしれませんし、セルフヘルプ・グループに参加したことで気分が落ち込んだと言うかもしれません。しかし、後になって物語を変化させる必要が生じたとき、すなわち症状が進行して経管栄養の導入をいよいよ検討せねばならなくなったとき、単に抵抗するばかりが道ではなく、違う物語もありうるのだ（後出する村上さんのように、経管栄養になったらなったでエンジョイする、という人もいる）とい

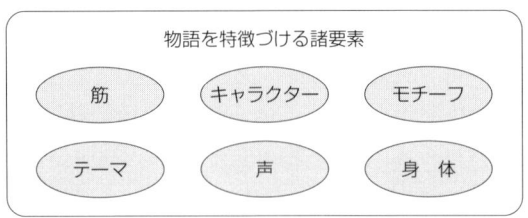

図1-2 本書における「物語」のとらえ方

う認識が、その人にとってプラスにはたらく可能性があります。したがって、セルフヘルプ・グループで自分より症状の進んだ人に会うことが「悪いこと」だとは、いちがいにはいえません。あえてこのような場合の一般的な考え方をいうならば、その人の生きようとする物語を考慮したときに、同様の物語をまさに今生きようとする身体と、その物語の限界を端的に示す身体と、いずれにも出会えた方がよい、ということだろうと思います。

以上6点（筋、キャラクター、モチーフ、テーマ、声、身体）が、人々の語りなどを「物語」としてとらえる際の着眼点です。これらのうちいずれか、もしくは複数の着眼点からそれぞれの物語を特徴づけて把握することになります。

5 ナラティヴ・アプローチからみるピア・サポート（2）
――セルフヘルプ・グループと「共同体の物語」――

もうひとつピア・サポートに関してナラティヴ・アプローチを採る場合の有効な概念について、説明しておきたいと思います。

これまでのピア・サポート研究では、まだ十分に吸収されていませんが、実はセルフヘルプ・グループ研究では、1990年代に、機能論から物語論へという流れが存在しています。つまり、セルフヘルプ・グループが参加者個人に対してどのように機能するかという問題について、「物語」に注目してみるのがよいのではないか、という議論がおこったのです（伊藤 2009：39-44）。

このことを提唱したのが、ジュリアン・ラパポート（Rappaport 1993）です。

ラパポートは、専門家たちが、セルフヘルプ・グループを、あくまでも「二番目」としか見ない「専門家中心主義（professional centrism）」に陥っていることを批判しました。そして、セルフヘルプ・グループを「治療結果」という色眼鏡で見るのではなく、メンバーたちが共有する「共同体の物語（community narrative）」がどのような人間の変化を提示するのかによって理解すべきだ、と主張しました（伊藤 2009：40-41）。

　セルフヘルプ・グループには、さまざまな人が集まってきますが、その中には、自分の体験を、聞き手に印象づけるように、見事に語る人がいます。ひとつひとつの体験談はユニークであり、同一のものはありませんが、しかしそれにもかかわらず、聞いていて「似ているな」と感じる筋や語り口が見受けられることがあります。このことは、単に部外者ないし観察者の感覚というだけにとどまらない重要な点であると思います。つまり、セルフヘルプ・グループの参加者たちが、他の人の語ることを聞いて、その一部に触発され、自分の体験を想起し語る、ということを繰り返すうちに、人々の物語の筋や語り口などが、一定の共通性や類似性を帯びてくるということです。このようにして一定の共通性や類似性のもとに把握される物語が、グループで共有される共同体の物語だといえます。共同体の物語は、主人公が病いや問題に押しつぶされそうになった時期から、何らかの変化を遂げるという筋を含むことがあるため、その共同体の物語と同型の物語を語れるようになることで、そこに含まれる病いや問題への対し方、あるいは状況を好転させようとする精神的なエネルギーを調達できる、と考えられるわけです。

　さきほど、共同体の物語は人々の自己物語の筋や語り口などがもつ共通性や類似性によって把握できると述べましたが、ここからわかる通り、共同体の物語は、セルフヘルプ・グループのメンバーたちによってはっきりと自覚されているとは必ずしも限らず、むしろ共通性や類似性を観察して名指すことによって初めて輪郭づけられるものです。したがって、観察者の社会的・政治的立場や考え方が、どのような共同体の物語を名指すかということ自体に反映するこ

ともありえます。たとえば、この本の第2章で、書き手である荒井浩道が、観察対象であるグループの共同体の物語として「手抜き介護の物語」を名指すことは、社会において支配的な物語「献身的介護の物語」に対する批判的なスタンスを明確にすることにつながります。

ただし、この共同体の物語という概念には、注意が必要なところもあります。ひとつは、共同体の物語は単一のものとイメージされやすいかもしれませんが、複数のものを「共同体の物語」として名指すことも十分にありえる、ということです（伊藤 2009）。もうひとつは、共同体の物語を名指すと、何か「すべての人がそのような物語を語れるようになるべきだ」というようなイメージが独り歩きしてしまいがちですが、それでは弊害もありうる、という点です。この2つ目のポイントについては、この本の第4章が詳しく展開しています。

6　ピア・サポートの社会学を切り開く──事例紹介

ナラティヴ・アプローチを採用することによって、ピア・サポートにおいて何がおこっていて、それは苦しむ人にとってどのような意味を持つのか、ということを具体的に明らかにすることができます。これは、調査科学としての社会学の持ち味を活かすことに他なりません。その先に見えてくるのは、いかにして人々は自分の物語を模索せざるをえないのかという生き難さの背景や、ピア・サポートにどのようなことを期待できるのかについて頭を整理できるといったことではないかと思います。

そのようになるには、今後、質のよい研究をもっと積み重ねなければなりませんが、ここでは、ひとつの事例を取り上げて、ナラティヴ・アプローチが切り開く世界を示したいと思います。

清水忠彦さん（しみずただひこ、1944年4月9日生）は、2000年ごろから下肢の変調を感じはじめました。そして2006年6月、自分がALSであることを知って絶望に陥ります。しかし、彼はその後セルフヘルプ・グループでの交流や、

医師とのやりとりを通じて、前向きに生きようとしました。
　私は、2007年春から忠彦さんが亡くなる2010年春まで、彼の生活の一部分に密着した調査研究を行いました[10]。具体的には、患者（清水さん）夫妻と今井尚志医師（当時、宮城病院）[11]双方の同意のもとで診察でのやりとりを録画・録音したり、セルフヘルプ・グループの集会に一緒に参加したり、看護学校等での講演に一緒に参加したりしました。そうしたプロセスを通して、忠彦さんは、他者との関わりに自分を開き、物語の語り手になるというスタイルを築いていったように見えました。このことについては、別の機会にまとまった著作として書き残したいと思っていますが、今回は、ピア・サポートに関する部分に焦点をしぼるために、彼が2006年から2007年にかけて、セカンド・オピニオンを求めて訪れた宮城病院で、今井尚志医師に紹介された患者との交流にスポットをあてます。
　宮城病院を受診した際、今井医師の勧めで、清水さん夫妻は村上達是（むらかみたつし）さんの病室を2度にわたって（2006年12月、2007年4月）訪問しています。このうち、2度目には私も同行し、同席と記録および後日の発表を村上さんに許していただきました。そこでの模様は次の通りでした。

（1）　**清水さんと村上さんとの交流**（2007年4月25日）
　村上さんは、ベッドの上に座って、大きな真ん丸の目をほころばせながら、私たちを歓迎してくれました。テーブルの上にはクリップボード。彼は手が動くので、クリップボードの紙に字を書いて言いたいことを伝えていました。相当なスピードで、Ａ4判の紙に7、8行埋め尽くすと、素早く裏返して続きを書いていきます。裏を埋め尽くすと、紙をテーブルの下にポイと捨て、次の紙へ。清水さんが「お元気そうですね」と言うと、村上さんは、

　　少し興奮していますから

と書きました。

村上さんは、この時既に気管切開と胃ろう[12)]造設を行っていました。彼は気管カニューレ（気管切開口に挿入・設置する器具）と胃ろうを、こんなふうになっているんですよというふうに、清水夫妻に見せました。

「胃ろうはどれぐらいで交換するんですか。」
　　４ヶ月に一度
「村上さんには悪いんだけど、昨日は牛タンを食べてきました。私もいつ胃ろうになるのかなあ。」
　　今のうちに美味しいものを食べてください
　　（村上さん、にっとほほ笑んで、清水さんを指差し）
　　元気で全然変わってないですよ　ますます元気
「いや、村上さんにはかないませんよ。」
　　気力ですよね

　村上さんは「気力」の字を○で囲んだ後、「元気、元気」というようなガッツポーズを２、３度見せ、またにっと笑いました。清水夫妻も私もつられるようにして思わず笑いました。
　その後、村上さんは、ふと私の方を見て指差しながら、失礼ですが、若い先生が頼もしい、どんどん研究をやって下さい、と紙に書きました。私は恐縮して礼を言いながら、村上さんが紙に書いたことを持ち帰って後々の研究に支障のない範囲で使わせていただけないかと申し出ました。すると村上さんは、どうぞどうぞと言いながら、さきほどテーブルの下にポイと捨てた紙を拾い集めようとしました。私が手伝ってそれらを拾い集めると、彼はその１枚１枚にページ番号を書き込んで、最後にそれらの紙を私にどさりと手渡しました。
　テーブルの上には、私たちが会話をしている最中に看護師が置いていったトレーがありました。トレーの上には、水の入った注射器と、お猪口を一回り大きくしたぐらいのプラスチックの容器、そして粉薬の袋がのせてありました。村上さんは、私もいろいろ病気を持ってましてね、この薬はALSのではない

2007年4月25日宮城病院にて。左から、筆者、村上さん、清水夫妻

んです、と説明した後、容器の中に粉薬を入れ、注射器から水を出し、容器からこぼれてしまわないかと心配になるほどの勢いでかき混ぜた後、再び注射器で吸い上げ、胃ろうから注入しました。その間、清水さん夫妻の方を「ほらね」というように、ちらちらと見ています。清水さん夫妻の方は、興味津々の様子で、「へえ、胃ろうって、こんなに小さいんだ」などと小声でひそひそと話していました。

　しばらくして、別れの時が来ました。皆の記念写真をとろうとすると、通りかかった看護師が、シャッターを押しましょうとにこやかに申し出てくれました。村上さんは、ベッドからうきうきと降りて、身づくろいをしはじめました。そうやってると、病気じゃないみたいですね、と清水さんに声をかけられると、村上さんは、顔いっぱいの笑顔で、また「元気、元気」のガッツポーズをしました。そして、阿波踊りのように両手を顔のあたりまで上げ、少しひょこひょこと歩いてみせました。

　村上さんは、記念写真の出来映えにこだわり、何度も「もう1枚」と求めました。次にまた来たときにお会いしましょう、と清水さんが言うと、村上さんは「その頃には私もここに（入って緩和ケアを受けながら死を迎えているかも）」と書きました。いやいや、そんなことはないでしょう、などと言いながら私たち

がいよいよ辞する時、村上さんは、大きな目に涙をいっぱいに浮かべながら、私たち1人ひとりの手をぎゅっと握りしめました。

（2） 交流の後で

　清水さんと村上さんは、その後携帯電話のメールで連絡をとることはありましたが、直接会うことはありませんでした。村上さんは、2009年1月に亡くなっています。

　忠彦さんは村上さんと会った後、タイミングに関して逡巡しつつも、2009年5月に胃ろうを造設しました。2009年7月には自身の胃ろうを撮影し、その後の看護学校等での講演で使用しました。セルフヘルプ・グループでも、胃ろうについてオープンに語りました。講演の中で、彼は村上さんとの交流について次のように述べています。「その方（村上さん）の生き方にすごく感動し勇気をいただきました」（2009年6月、看護学校での講演より）。

　当時、清水さんの他に、もう1人のセルフヘルプ・グループのメンバーが、同じ時期に今井医師のもとを訪れ、村上さんに紹介されました。その人も、村上さんによって、胃ろうを実際に初めて見せてもらったといいます。そして、清水さんより少し前に胃ろう造設を行い、セルフヘルプ・グループでも「保険のつもりで着けておいたよ[13]」と語っていました。

　2009年ごろから、グループの他のメンバーの間で胃ろう造設が相次ぐようになりました。その1人である吉田正二さん（よしだしょうじ、1942年生）は、2010年秋に、胃ろうを造設しています。実は吉田さんは、それに先立つ約1年前から、体重減少と嚥下障害が進んでいたため、主治医から胃ろう造設を勧められていました。しかし彼は「まだ食べられるのに、胃に穴を開けるなんて……」と当初非常に抵抗感をもっていました。しかし、その一方で吉田さんは、さまざまな人に相談して意見をもらってもいました。とりわけ、清水さんたちが胃ろうを造設した体験を集会で語っているのを聞いたり、あるいは会報に寄稿しているのを何度も読み返したりしていたといいます。そのようにするうち

に「えい、いつまでもこだわっていても仕方ない」と思うようになり、造設を決意したといいます。

（3）この事例に関する分析

さきほど述べたように、清水さんも吉田さんも胃ろうを造設するまでに、かなり長い迷いの期間を経ています。これは、胃ろうを造設するタイミングに関して医学的要請と患者の自覚する状態とがずれているため、患者からすれば、医学的なリスクを回避するために、「いよいよ食べられなくなった」と観念するよりも早いタイミングで造設を考えなければならない、という理由によります（注13参照）。したがって、このような迷いは、清水さんや吉田さんが優柔不断だから生じるのではなく、多くの人が通る道だと考えられます。また、だからこそ他の人との交流や対話が重要になる時期だともいえます。

ここで、清水さんに対する村上さんの影響をナラティヴ・アプローチによって分析してみましょう。村上さんは、清水さんと直接会ったその場面で、あるタイプの物語の登場人物（主人公）を演じ切ったと考えられます。それは、一言でいえば、**食べられなくなっていくこと（喪失）への未練を残しつつ決断する主人公**です。ここで「演じる」という表現をしましたが、これは必ずしも「（本当の姿を）偽る」という意味ではありません。村上さんが、清水さんが自分より病いの初期段階にあることを知っており、おそらくは清水さんがどんな関心や不安を持っているのかを考慮に入れながら、胃ろうを着けている自分をいかに見せるか、彼なりに直感的に決めてふるまう、ということなのです。

村上さんは、自分がどのようにして胃ろう造設を決めたのかを語ったわけではありません。したがって、彼は「未練を残しつつ決断する」という物語の〈筋（プロット）〉を示したわけではありません。その代わりに、彼は、強烈といってよい〈キャラクター（登場人物の性格）〉をもって、胃ろうを造設してなお人生を楽しむ生き方を印象づけているように見えます。会話の中で忠彦さんは「村上さんには悪いんだけど、昨日は牛タンを食べてきました」と言ってい

ます。これに対して、村上さんは、まったく気にするそぶりもなく「今のうちに美味しいものを食べてください」と答え、その後も笑っています。ここには、ある種の潔さ、つまり「私はもう何でも食べることはできなくなりましたが、そのことについてくよくよしていませんよ」という未練のなさが現れているように思います。

　この潔さを支えているのが、この場面における村上さんの〈身体〉です。大きく真ん丸に見開いた目。すさまじいスピードで紙に字を書く手。半ば身を乗り出すようにしながら私たちを指差す身振り。これらは、清水さんとの一期一会であるその場面を十分に味わいつくそう、言いたいことを残さず伝えようというエネルギッシュな意欲に結びついています。また、「元気、元気」というようなガッツポーズや写真をとるときの阿波踊りのポーズによって、エネルギッシュな雰囲気は、ほとんど圧倒的なほどに感じられます。このような身体に補われることで、「未練を残しつつ決断する」村上さんのキャラクターが、強い印象とともに示されるのではないかと考えられます。

　ここまで述べたキャラクターや身体は、あくまでも村上さんの個性であり、他の人がまったく同じであるわけではありません。しかし、この出会いを体験した忠彦さんは、また違った形で、他の人たちの前で「胃ろうを着けた自分」を演じていくことになります。具体的には、講演で胃ろうを使う様子を見せたり、あるいはセルフヘルプ・グループで造設の経緯や現在の生活について語ったりする中で、「もちろん未練はありますが、まあどうにかやっていますよ」という趣の、しかしそれでも根本的な「食べられなくなっていくこと（喪失）への未練を残しつつ決断する主人公」という点に関しては同様の主人公を演じることになるわけです。

　そして、このような人の存在が、それを見ている他の人に対する刺激になると考えられます。吉田さんは、胃ろう造設に関して「専門家を信頼しないというわけではないが、清水さんたちの話を聞くと、やっぱり早めにやっとかないとなあ、と思えた」と語っています。専門家は「胃ろうを着けたからといって、

即、口から食べられなくなる、というわけではないんですよ」とアドバイスします。そして多くの患者が、一応はそのことを理解できます。しかし、それでも「食べられなくなっていく」という喪失の重みが迷わせます。このとき、既に「未練を残しつつ決断した主人公」にふれることで、「こんな人生もあるのか」という可能的世界（ありうる世界）が浮かび上がり、再考の刺激となるのではないかと考えられます。だからこそ、論理的な説得になかなか応じることができなかった吉田さんが清水さんたちの姿に心を動かされたのだと思われます。

まとめ

この章では、ピア・サポートを考えるための社会学について、主に枠組みの整備を試みてきました。まずこの本で扱う「ピア・サポート」の範囲として、修復困難な苦しみに関するものに絞ることを述べながら、「ピア・サポート」概念を定義しました。次に、セルフヘルプ・グループ研究から吸収することの重要性を主張し、効果の測定にとどまらない研究上の視座が必要であることを述べました。そのための有効な道具立てとして、ナラティヴ・アプローチを導入し、その主要な着眼点を挙げ、なおかつ事例分析を通してその有効性を示しました。

ナラティヴ・アプローチによって、ピア・サポートは、人々が物語を通して互いを触発し影響を与えるプロセスとして見えてきます。それは、修復困難な病いや問題の中にあっても、他の人との交流から生き抜く力を調達しようとする人間の力強さやしたたかさを示します。しかし、この本の後の章で浮かび上がってくるように、そうした部分ばかりではなく、たとえば、ある「共同体の物語」が共有されたときに、その物語に逆に息苦しさや居心地の悪さを感じる人がいるかもしれないことや、あるいは、物語を通した支え合い自体がカバーできる範囲に限界があることなどにも目を向けることが重要です。これらのこ

とは、決して「効果があった／なかった」という議論では浮かび上がってこないことですが、ピア・サポートについて私たちが理解を深めるためには必要なことだといえます。

注
1) 糖尿病患者のピア・サポートに関する研究として、Brownson & Heisler (2009)、Heisler, Vijan, Makki & Piette (2010)、Wilson & Pratt (1987) があります。日本では、糖尿病患者会の活動に関する文化人類学研究が提出されています（浮ケ谷 2004）。乳がん患者のピア・サポートに関する研究（乳がんに限定しないものも含む）については、Ashbury, Cameron, Mercer, Fitch & Nielson (1998)、Ussher, Kirsten, Butow & Sandoval (2006) があります。また、日本での乳がんに関する活動報告として、大坂ほか (2011)、「がんサポート」編集部 (2011) があります。その他に、ピア・サポートへの注目を示す例として、「がん対策推進基本計画」（厚生労働省 2012）では、がん患者によるピア・サポートの取り組みが広がりつつあることが指摘され、今後地域によるばらつきを減らしながらさらなる充実を図ることがうたわれています。
2) 以下の研究があります。Adame & Leither (2008)、Bouchard, Montreuil & Gros (2010)、Castelein, Bruggeman, van Busschbach, van der Gaag, Stant, Knegtering & Wiersma (2008)、Coatsworth-Puspoky, Forchuk & Ward-Griffin (2006)、Lawn, Smith & Hunter (2008)、Meehan, Bergen, Coveney & Thornton (2002)、Migdole, Tondora, Silva, Barry, Milligan, Mattison, Rutledge & Powsner (2011)、Moll, Holmes, Geronimo & Sherman (2009)。
3) 先行研究として、看護師のピア・サポートの実践を報告した Ye & Wang (2007)、認知症対応施設スタッフのピア・サポート・プログラム導入に関する Visser, McCabe, Hudgson, Buchanan, Davison & George (2008) があります。
4) このことについて佐藤 (2008) は、とりわけ専門家が自身のアプローチを解決への道だと強調するとき、被害者に「克服」が押しつけられてしまいがちであると指摘しています。
5) ボークマンの体験的知識論とは、セルフヘルプ・グループにおいては、専門的知識とは異なる「体験的知識」が交換されているとする説です。これも含めて、セルフヘルプ・グループの機能に関する諸説については、伊藤 (2009) で、それぞれ詳しく紹介し、その有効性と限界を説明していますので、関心のある方はそちらをご覧ください。本文中のこれ以降で、ピア・サポートの機能を「感情面／

情報面」とする見方の問題を論じますが、基本的に伊藤（2009）での論点を踏襲しながら、よりわかりやすく説明しようと試みた内容を意図しています。

6）　さまざまな学問領域で、主に1980年代以降、「物語」を、文学の一特殊領域にとどまらず、人間の認識に関わる基本的な形式としてとらえようとする機運が学際的に高まっています。

7）　プリンスによれば、「主題（theme）」とは「意味部門のマクロ構造上の範疇あるいは枠（frame）」であり、普遍的で抽象的な観念や思想などを表す、とされます（Prince 1987=1991: 196）。かなりわかりにくい表現ですが、本書の場合にあてはめてみると、語られる物語を意味のある大きなまとまり（マクロ構造）としてみたときに、それが「何について」のものであるか（枠）を表すもの、と読めます。

8）　ここでは、一見すると統一的に見える物語の複層性に気づかせるものとしての「声」を論じましたが、鈴木（2011）は、これとは逆に、（死別体験者による）多層的な語りの中に通底するトーンを与えるものを「声」と呼んでいます。語られる物語が、当初は統一的に見えるところから出発するのか、それとも、当初は複数的でバラバラであるように見えるところから出発するのかという違いがありますが、当初そのように見えるのとは異なった物語のありようを導く概念として「声」が用いられている点では、両者は共通しています。

9）　ALS（筋萎縮性側索硬化症、Amyotrophic Lateral Sclerosis）は、神経細胞（脊髄の側索および脊髄前角細胞）の変性によって筋肉の動きが低下していく進行性の病気です。どうして神経細胞が変性するのかはまだ精確にはわかっていません。進行とともに、上肢および下肢の動きの他、構音（こうおん＝しゃべること）、嚥下（えんげ＝飲み込み）、そして呼吸も困難になっていきます。つまり、しゃべったり、食べたり、息をしたりといった基本的な動きができなくなっていく病気です。

10）　今回の発表については、忠彦さんの生前の社会的活動（実名で各地での講演活動や、マスメディアへの出演などを果たしていた）を勘案し、また遺族である妻広子さんとも相談のうえ、実名表記を選択しました。他に登場する方々についても同様に、本人の意思と、既に本人が亡くなっている場合には遺族の方に（実名公表に関する弊害の有無やご遺族の意思について）相談したうえで、実名表記を選択しています。

11）　2013年1月より医療法人徳洲会 ALS ケアセンター。

12）　胃ろうとは、管を通して流動食等を送りこむ方法（経管栄養法）のひとつで、腹部表面から胃に小さな穴を開けたものです。

13) ALSの場合、呼吸機能の低下が進行してしまうと胃ろうの造設がリスクを伴うものとなり、造設できなくなることがあります。また、早めに胃ろうを造設すれば、そこから栄養をとって体力低下を防ぎやすいという観点からも、こんにちのALS医療では比較的早めに胃ろうを造設することが勧められる状況になっています。

2 〈聴く〉場としてのセルフヘルプ・グループ
――認知症家族会を事例として――

はじめに

　2007（平成19）年、日本は、65歳以上の高齢者の割合が21％以上となる超高齢社会に突入しました。超高齢社会の特徴のひとつとして、認知症にかかるリスクが高くなる75歳以上の後期高齢者の増加があげられます。認知症患者の数は、2002（平成14）年に150万人でしたが、2012年（平成24）年には300万人を超え、10年で倍増しました。さらに団塊の世代が75歳以上になる2025（平成37）年には、400万人台になると予測されています。増え続ける認知症患者への対応は、私たちの社会の差し迫った重要な課題です[1]。

　ところで近年、認知症を患った「本人への支援」だけではなく、認知症患者をかかえる「家族への支援」が注目を集めています。高齢者を介護する場が、施設から在宅へと移行するなかで、介護を担う家族の役割は大きくなっているのです。この傾向は、「地域包括ケア」[2]と呼ばれる新しい高齢者ケアの考え方が導入されることで、一層強くなっています。

　厚生労働省は、2005（平成17）年4月から「認知症を知り地域をつくる10カ年」構想をスタートさせ、認知症患者とその家族を支える地域づくりを目指しています。その一環として行われた「認知症サポーター100万人キャラバン」では、当初の想定を大幅に上回る約360万人以上のサポーター（認知症患者と家族の応援者）が全国で養成されました[3]。こんにち、「介護する家族」への支援を

含めた認知症ケアへの関心は、かつてないほど高まっているといえるでしょう。

このような気運を背景として、ここ数年、家族を支援するインフォーマルな社会資源として注目を集めているのは、認知症患者を介護する家族によるグループ（以下では、「認知症家族会」と略記します）です。認知症家族会では、定期的にミーティングが開催され、複数の家族介護者が集って介護経験について話し合う場（以下では、「交流会」と略記します）が設定されています。交流会の参加者は、原則的として認知症患者をかかえた家族です。そこでは、同じ立場の複数の介護者が、車座になって座り、日々の介護の悩みなどについての率直な意見交換が行われています。このような特徴をもつ認知症家族会は、セルフヘルプ・グループ（自助グループ）と呼ぶことができます。

この認知症家族会に期待されているのは、介護経験のある当事者同士だからこそ発揮されるピア・サポート（当事者同士の支え合い）の機能です[4]。認知症患者を介護する家族は、介護経験のない人には理解されにくい特有の経験を有しています。こうした家族の経験は、たとえ専門家であっても受け止めることが難しいのです。

1　家族介護とはどのような経験か？

（1）　身内の問題行動を受け入れられない家族

それでは、ここで言う家族として認知症患者を介護する経験とは、いったいどのようなものなのでしょうか。実際の家族の発言をもとに、詳しくみていきたいと思います。

まず注目されるのは、仕事としての介護と、家族としての介護には質的な違いがあるということです。たとえば、介護福祉士の資格をもち、デイサービス（通所介護）の勤務経験の長い50代の女性は、実母を介護した際の戸惑いを次のように表現しています。

仕事で介護するのと家族で介護するのは違います。頭では分かっていても受け入れることができないんです。

　仕事として行う「他人の介護」と、家族として行う「身内の介護」は、彼女にとって、異質なものとして受け止められています。実際、彼女が身につけている豊富な介護の知識や技術が、「身内の介護」では役に立たないのです。
　彼女によれば、家族を介護する際は、認知症介護のマニュアルが役に立たないといいます。たとえば、失禁への対応として、「叱ってはいけない」、「尊厳を傷つけないように対応する」という「適切な」方法を知っていたとしても、家族として介護する場合は怒鳴ってしまう、というのです。
　近親者の失禁は、家族にとって受け入れがたい「問題行動」[5]です。また、失禁後に床を拭いたり、洗濯をしたりするなどの負担も少なくありません。それが深夜の出来事であればなおさらです。たとえ、頭では適切な対応方法を理解していたとして、冷静に対応することは難しいのです。

（2）　専門家の発言に傷つく家族

　つぎに取り上げたいのは、専門家によって家族が傷つけられるケースです。当たり前のことですが、もともと専門家は、困難な状況にあるひとを助けてくれる存在です。しかし、専門家が発する何気ない言葉が、家族を傷つけてしまうことがあります。たとえば、つぎの家族の言葉は、この矛盾を象徴しています。

うちのおじいさん、頑張っちゃって、まったくしっかりしてくる。ケアマネさんも、「けっこうしっかりしてますね」って。夜、どれだけ大変か、まったくわかってない……。

　家族は、昼間に訪問するケアマネージャー（介護支援専門員）に対して、夜間介護の大変さを理解してもらえないことについて不満を訴えています。ここでの、ケアマネージャーによる「けっこうしっかりしてますね」という発言に、

悪意は無かったように思われます。むしろ一般的には、認知症患者本人の尊厳に配慮し、家族を励ます発言といえるでしょう。しかし家族は、この何気ない発言に傷ついているのです。

他にも、家族介護者が傷つけられてしまう発言として次のようなものがあります。

> 地域、地域っていうけど、地域の人ほど私を傷つけた人はいない。「お宅大変ですね。認知症なんでしょ。昨日もテレビでやってたけど、徘徊するんでしょ」って。これにはもう……。（テレビの）認知症特集の次の日は、街を歩けません。

これは、「地域の支え合い」を強調した専門家に対して、家族が発した言葉です。この家族は、この「地域」という言葉に強く反応し、「地域の人」に傷つけられた経験を語っています。もちろんこの専門家に、家族を傷つける意図はありません。むしろ、近年の認知症ケアの考え方としてみれば、「地域の支え合い」を強調することは適切です。しかし、家族にとって「地域の支え合い」は、傷ついた経験を呼び覚ます否定的な言葉として受け止められてしまうのです。

以上みてきたように、家族介護者の経験は、一般的な常識からは理解しがたい内容を含みます。認知症の近親者を介護するという経験は、家族ならではの複雑な感情を呼び起こす特別な経験です。さらにそのような経験は、手を差し伸べてくれるはずの専門家にも細部までは受け止めてもらえないという現実があるのです。

2　ピアだから支え合えるのか？

（1）　経験の多様性

この章で注目する認知症家族会は、このような家族介護者の特有な経験に寄

り添った支援を可能にする社会資源として位置づけられます。認知症家族会における交流会の参加者は、原則として家族介護をしたことのある「当事者」であり、「家族として近親者を介護する」という共通の経験を有しています。そして、同じ経験を共有するからこそ、他の参加者と困難を分かち合い、互いに支え合う、文字通りの「ピア・サポート」が可能になると考えられています。

しかし筆者は、このことはもう少し深く考えておく必要があると考えています。なぜなら、「家族として近親者を介護する」という「同じ経験」を共有するといっても、その経験の内容が似通っている保証はどこにもないからです。むしろ、介護者の経験は、非常に個別的で、多様であると考えるほうが妥当でしょう。

同じ「家族介護」といっても、経験される具体的な内容は、介護する認知症患者の状況によって必ずしも同一ではありません。認知症の種別（アルツハイマー病、ピック病、レビー小体病）、認知症の進行状況（軽度、中度、重度）、「問題行動」の種類（介護拒否、徘徊、暴力行為、異食）などの違いによって、介護の大変さは、量的にも、質的にも異なります。

またその経験の内実は、要介護者との関係に影響を受けます。たとえば、嫁として義理の親を介護する経験と、娘として実の親を介護する経験は同じではありません。また、娘が実の親を介護する経験と、息子が実の親を介護する経験は異なります。

さらに介護経験は、家族の経済状況に大きく左右されます。限られた収入のため家族で介護せざるをえない家庭と、いつでも有料老人ホームに入所できる家庭とでは、認知症患者を介護する経験は異なって感じられます。

このような経験の違いは、認知症家族会を運営するうえでは大きな問題です。経験があまりに異なる家族は話題を共有することが困難だからです。

実際の認知症家族会では、この問題を克服する工夫が行われているところもあります。認知症家族会を家族の経験の違いを意識してさらに細分化し、それぞれが交流会を開催するというものです。有名なものとしては、男性介護者の

グループ、若年性認知症のグループ、嫁として両親を介護するグループ、娘として実の両親を介護するグループ、などがあります。そうすることで、話題を均質化し共有しやすくする効果が期待できます。

しかし、いくら均質な集団を構成したとしても、まったく同一の経験を有する人は存在しません。介護経験は極めて個別的な経験であり、そのバリエーションは介護者の数だけあるといえるでしょう。

（2） 苦労比べと経験の権威化

このような前提に立つと、同じ経験を共有するひとが集まるから苦労を分かち合い、互いに支え合うことができる、という一般的なセルヘルプ・グループの説明に無理が生じます。つまり、「ピア（当事者同士）」で集まるからといって、支援的な雰囲気が自動的に醸成されるわけではないのです。むしろ、さきほどみてきたように介護経験の違いにもとづいて、対立が生まれる危険もあるでしょう。

こうした対立を象徴するものとして、いわゆる「苦労比べ」があります。たとえば、認知症家族会では、以下のような少し緊迫したやり取りが行われることがあります。

　　Xさん：うちは物忘れがひどい。食事をとったこともすぐ忘れちゃう。
　　Yさん：徘徊はないですか？
　　Xさん：徘徊はない。物忘れだけ。
　　Yさん：ああ、徘徊がなければまだいい。うちは徘徊があるからほんと大変です。

このやり取りでは、「物忘れ」のある患者の介護について話すXさんに対し、「徘徊」のある患者を介護するYさんが、「物忘れ」はたいしたことではない、と言わんばかりの返答をしています。Yさんが、「徘徊こそ大変」という自分の経験に引き寄せて、Xさんの物忘れを軽いものとして位置づける、という

「苦労比べ」が行われています。

　このような「苦労比べ」が行われると、ピア・サポートの効果は期待できません。交流会の雰囲気は悪くなるばかりか、対立が生まれ、Xさんが傷つくこともあるでしょう。

　セルフヘルプ・グループは、個人の具体的な経験が語られる場です。そこでは、「経験がある」ということはとても大きな意味を持ちます。さらにいえばその経験は権力性を帯びるのです。この事例でいえば、Yさんの、「徘徊こそ大変」という経験から導き出された知見は、「物忘れが大変」というXさんの経験を排除してしまっています。Yさんは、Xさんの経験に寄り添い、耳を傾けることができなくなっているのです。経験が邪魔をして、傾聴を妨げているのです。こうした事態は、「経験の権威化」（向谷地 2009）と呼ぶことができるでしょう。

コラム 3　経験の権威化

　通常、「権威化」とは、専門家がその知識や地位を利用して優位な立場に立つことを意味します。向谷地（2009）は、この「専門家の権威化」とは別に、新しい権威化の問題として「経験の権威化」に注目しています。これは、当事者として経験がある種の権威性を帯びる事態を指します。「経験の権威化」には、専門家を含めた「当事者ではない」人々を排除する危険があるのです。

　向谷地は、この「経験の権威化」に関連して、当事者の視点をもった支援のあり方を3つに分類しています。

　第一は、権威的な「専門家の力」に対抗して、「自分のことは自分がわかっている」という立場をとるものです。これは、当事者の力を再評価する当事者主権の立場といえるでしょう。第二は、その裏返しとして、専門家自身が自らの立場を「無力」と位置づけ、専門家として権威性を否定する立場です。そして第三は、「自分のことは、自分がいちばん"わかりにくい"ことを知ってい

る人」としての当事者と、「当事者と同じような状況に遭遇したら同様に戸惑い困難に陥るであろうことを知っている人」としての専門家という、前向きな２つの「無力」により支えられている立場です。この立場は、「専門家の権威化」と「経験の権威化」という２つの権威化を防ぎ、当事者と専門家がパートナーシップを結ぶことを可能にします（向谷地 2009：43-48）。

この「経験の権威化」という問題提起は、セルフヘルプ・グループにおけるピア・サポートの機能を考えるうえでとても示唆的です。これまでセルフヘルプ・グループは、専門家に対抗するものとして、あるいは専門家による支援を補完するものとして位置付けられてきました。このようなセルフヘルプ・グループでは、「当事者こそが専門家」という言葉が象徴するように、「当事者としての経験」が重視されてきました。そこには、「当事者のことは、当事者が一番良く知っている」という暗黙の前提があったといえるでしょう。

しかし、この章で述べてきたように、セルフヘルプ・グループにおいて支援効果が発揮される仕組みは、それほど単純ではありません。つまり、当事者が集まり、経験を語るだけで、ピア・サポートとして支援効果が発生するわけではないのです。たとえば、同じ当事者といっても、その経験は多様です。自分の個別的な経験が邪魔をして他人の経験を排除し、傾聴を妨げる危険があります。このように、「経験の権威化」は、セルフヘルプ・グループの場においても観察されます。「聴く場」としてセルフヘルプ・グループを位置づけた場合、「専門家の権威化」だけではなく、当事者による「経験の権威化」の双方を防ぐ「聴き方」について探っていく必要があるでしょう[6]。

このようにみてくると、認知症家族会においては、介護経験を共有する当事者が車座に座っただけで、支え合いの雰囲気が醸成されるわけではないことが理解されます。セルフヘルプ・グループにおける経験にもとづいた語りは、支援的な雰囲気を醸成するうえで無くてはならないものですが、ときにはコンフリクト（対立）を生むこともあるのです。

（3） 専門家の関与

　ところで、認知症家族会の運営実態に注目してみると、交流会には、家族以外の参加者も比較的多く参加していることに気付きます。医師やケアマネージャーが司会を担当したり、世話人として関与したりすることがよくあります。これは他のセルフヘルプ・グループではあまり見られない大きな特徴かもしれません。

　しかし、介護経験を有する当事者ではない専門家が深く関与した場合、家族介護者の困難を分かち合えないというリスクがあります。たとえば、次のやりとりは、このことを象徴しています。

> Ｚさん：24時間の介護でほんとに大変です。自分の時間なんてありません。
> 専門家：抱え込んではダメ。どんどんデイサービスとか使って。頑張りすぎはよくない。
> Ｚさん：はい……。でも、自分の親なので、もう少し……（自分で介護をしたいと思います）。

　これは、介護の苦労話をした家族に対して、ケアマネージャー（介護支援専門員）の資格を持つ専門家（司会）が対応する場面です。専門家は、デイサービス（通所介護）という社会資源を利用することで、家族内でかかえていた介護の負担を軽減するようにアドバイスしています。

　しかし、この専門家のアドバイスは、必ずしも家族の心に届かず、家族の発言を封じてしまっているようにみえます。もちろん、「介護を抱え込むことは良くない」、「介護負担を軽減するためにデイサービス等の外部の社会資源を活用する」というアドバイスは、認知症ケアのセオリーにかなった、「正しい」アドバイスといえます。しかし、認知症家族会の交流会での発言としては、いつも適切とは限りません。ここでは、Ｚさんは、自分の実の親なので自分が介護したいという家族の思いを十分に汲み取ってもらえず、少し納得のいかない様子をみせています。[7]

3　認知症家族会における共同体の物語

（1）　語りにくい話題が語りやすくなるということ

　これまで、セルフヘルプ・グループとしての認知症家族会は、介護経験を共有する当事者が集い語りあうだけでピア・サポートの効果が生まれるわけではない、ということを述べてきました。そこで確認されたように、同じ家族介護者といっても、そこには認知症の種別や要介護者との続柄、家庭の経済状況など違いがあります。介護者の数だけあるといってよい介護の経験は、「苦労比べ」のような対立を生むこともあります。さらに介護経験のない専門家が関与することで、支援効果が削がれる危険もあります。「支え合い」は、容易に達成されるわけではないのです。

　それでは認知症家族会の支援効果は、どのようにして生み出されていると考えればよいのでしょうか。

　このことを考える手がかりとして、筆者からみて支援効果が高いと感じられる家族会での家族の発言を引用したいと思います。

　　実母なのに手をあげてしまうんです。実母だから（「問題行動」を）許せないんです。こんなこと家族にも言ったことありません。

　この家族の発言は、認知症家族会の効果を的確に表現しています。認知症家族会は、他では語りにくい話題を引き出すことを可能にする場といえるでしょう。こうした認知症家族会の機能は、交流会に参加した家族にとって苦労を分かち合い、お互いに支え合うという支援的効果を生んでいると考えられます。

　この家族の発言をもう少し詳しくみていきたいと思います。この家族が他では語りにくい物語は、「実母なのに手をあげる」という行為を含む点です。つまりこの家族は、通常では「実母なのに手をあげる」という行為に関する物語を「語りにくい」と考えているのに、認知症家族会という場では、同じ「実母

なのに手をあげる」という行為を語ることが可能になったのです。

ここでまた新たな疑問が生じます。なぜこの家族は、「実母に手をあげる」という話題を認知症家族会の外では「語りにくい」と感じているのでしょうか。また、この家族は、なぜ認知症家族という場において、その「語りにくい」話題を語ることができたのでしょうか。このことは、認知症家族会が支援効果を生む仕組みを考えていくうえでとても重要な論点です。

以下では、なぜこの家族が、認知症家族会の外では、「実母に手をあげる」という話題が語りにくく、認知症家族会の中では逆に語りやすくなるのかということについて、詳しくみていきたいと思います。

（2） 介護の規範性

「家族が認知症患者を介護する」という行為は、しばしば「このように介護すべきだ」という道徳的な規範を伴って語られます。特に私たちの社会では、老親や配偶者などの近親者の介護を施設などの外部に委託することを否定的にとらえ、家族自らが介護することを肯定的にとらえる傾向があります。このような規範は、かつては非常に強い影響力を持ち、家族に介護負担を押し付けてきました。

しかし、介護保険制度が開始されて10年以上が経過した現在、こうした価値観は、かつてほど強くはなくなりました。介護サービスを利用できる環境にあれば、なにがなんでも家族が介護すると考えるひとは少なくなったといえるでしょう。

ところが家族は、介護にともなう道徳的呪縛から完全に自由になったわけではありません。それどころか、強化されていると感じることさえあります。新しい呪縛は、かつてのように家族介護それ自体を礼賛するやり方ではなく、むしろ知らず知らずのうちに家族を介護に縛り付けているのです。

まず注目すべきは、2000年の介護保険制度の開始と、2004年の「痴呆」から「認知症」への呼称変更です。介護保険では、老いゆく主体として患者本人の

存在がクローズアップされました。そして認知症への呼称変更では、「呆けて何も分からなくなる」のではく、「認知症になっても感情は残る」として、患者の尊厳が強調されました。さらに最近では、「パーソンセンタードケア」という患者本人の視点に寄り添った認知症ケアの理念が導入されました。このような認知症患者をとらえる視点の転換は、認知症ケアの水準向上に大きく貢献したといえるでしょう。

しかし、患者に寄り添う介護が強調されることは、介護する家族にとっては、大きなプレッシャーになることもあります。たとえば、パーソンセンタードケアの説明を聞いたある家族介護者は、その戸惑いを次のように語っています。

> たしかに素晴らしいと思います。でもこれ以上、寄り添わなければいけないのでしょうか。今でも精一杯です……。

もともとパーソンセンタードケアは、専門家のケア理念として提唱されたものです。しかしそれが、当初の目的から離れたところで、家族のケア理念として受け入れられつつある点には注意が必要です。[8] この家族のように、すでに限界まで頑張って介護をしている家族にとって、より一層患者に寄り添い、献身的な介護を求めるパーソンセンタードケアの理念は、あまりに重すぎます。だからといって道徳的にも望ましいこの理念を無視することもできません。家族は、高い理念と現実の介護との狭間で困難を深めることになるのです。

コラム 4 パーソンセンタードケア

パーソンセンタードケア（Person-Centerd Care）は、新しい認知症ケアの考え方で、文字通り「その人（認知症患者）中心のケア」という意味を持ちます。この考え方は、1980年代後半から1990年代にかけて、イギリスの心理学者、トム・キットウッド（Tom Kitwood）らによって提唱されました（Kitwood & Bredin 1992)。その後、1997年に出版された *Dementia Reconsidered: Person Comes First* は、世界的に大きな影響を与えました。邦訳は、少し遅れて2005年に『認知症のパーソンセンタードケア――新しいケアの文化へ』(筒井書房) として出版されています。

　パーソンセンタードケアの普及に貢献したのは、キットウッドらが開発した「認知症ケアマッピング (DCM: Dementia Care Mapping)」とよばれる方法です。この方法は、6時間以上連続して、認知症をもつ人を観察し、5分ごとにどの行動カテゴリーに分類されるか、よい状態 (well-being) からよくない状態 (ill-being) までのどの段階にあたるかをアセスメントするというものです。2002 (平成14) 年以降、認知症介護研究・研修大府センターが中心となって日本への普及が図られてきました (認知症介護研究・研修センター 2012)。現在では、各地で多くの研修会が開かれ、その普及には目覚しいものがあります。

　パーソンセンタードケアが開発された背景には、1980年代、イギリスの高齢者福祉施設における患者の視点を欠いた業務中心のケアへの批判があります。パーソンセンタードケアでは、食事介助、排泄介助にとどまらず、認知症患者のその人らしさを大切にした「全人的ケア」が目指されるのです。キットウッドは、従来の認知症ケアをオールドカルチャーと呼び、新しいケア文化 (ニューカルチャー) としてパーソンセンタードケアを位置づけています。

　ところで近年、海外では、このパーソンセンタードケアを問い直す研究も行われるようになってきました (Baldwin & Capstick eds. 2007; Edvardsson & Innes 2010; Rattray, McKennaj 2012)。また、本文で指摘したように、この考え方が急速に普及することによって、専門家のケア理念という当初の目的から離れたところで、家族のケア理念としても受け入れられつつある点には注意が必要といえるでしょう。在宅ケアの環境が十分に整っていない状況で、この理念にもとづいた介護を行うことは家族を介護に縛り付ける危険があります。

(3) 支配的物語としての献身的介護

　このような新しいケア理念が普及するにつれ、家族介護者は、いい加減に手を抜いて介護をしたり、認知症患者を大きな声で叱ったりすることは許されな

い、という機運も出てきます。そこでは、認知症患者に寄り添い、心を込めて介護をする、「献身的介護」が求められるのです。そして、介護に従事する家族自身も、こうした価値を内面化し、「献身的介護」を実践しようとします[9]。

しかし、この「献身的介護」の努力はあまり報われることはありません。たとえ24時間、365日、献身的に認知症患者に寄り添って親身に介護したとしても、「存分に介護した」という実感を得ることは困難です。認知症患者の症状は時間の経過のなかで変化し、新たな問題が次から次へと発生します。家族は、より良い介護を求めるなかで、次第に自分を追い込んでいく危険があります。「献身的介護」は、終わりの見えない孤独な行為なのです。

ところで、この「献身的介護」のゴールは、一般的には認知症患者の死亡や施設入所であると考えられるかもしれません。しかし、そのことによって家族が介護から完全に解放されるわけではありません。むしろ、認知症患者を施設入所させたあとでも、また認知症患者が死亡したあとでも自分を責め続けることもあります。「もっと長い期間、自宅で介護できたはずだ」、「もっと寄り添った介護が出来たはずだ」というように、「献身的介護」という規範は家族を拘束し続けるのです。

このように考えると、「献身的介護」は、私たちの社会において、いまだに強い影響力を持っているといえます。そのため、「献身的ではない」介護のあり方は、不道徳な行為として非難されます。家族は、どんなに追い込まれていても、いい加減に手を抜いて介護をしたり、認知症患者を大きな声で叱ったりすることは、許されていないのです。この意味において、「献身的介護」は、私たちの社会に深く埋め込まれ、家族を縛り付ける「支配的物語（master narrative）」といえるでしょう。

「献身的介護」が支配的な物語として位置付けられる私たちの社会では、たとえば「実母に愛情を込めて介護をする」という行為は、「美徳」として奨励されます。そのため私たちは、公衆の面前で「実母に愛情を込めて介護をする」という話題を語ることができます。しかし、「実母に手をあげる」という

行為は「献身的介護」の規範から大きく逸脱します。そのため、公衆の面前では語ることが躊躇されるのです。

（4） 共同体の物語としての手抜き介護

このように、「献身的介護」は、私たちの社会においてとても強い影響力があります。私たちは、公衆の面前では「献身的介護」を語ることが求められ、そこから逸脱する話題を語ることは遠慮しなくてはなりません。

筆者は、これまでいくつかの認知症家族会の交流会に参加してきました。そこで気づいたことは、「献身的介護」は積極的には語られないということです。それどころか、「献身的介護」が語られた場合は、それを制止するように周囲がかかわることさえありました。そこでは、外の世界とは逆で、「献身的介護」から逸脱する話題こそが受け入れられるのです。

このような経験から筆者は、認知症家族会の交流会では、「献身的介護」の影響力を無効化する、別の規範があると考えるようになりました。それは、家族が自分を追い込まないように適度に手を抜くこと肯定する、いわば「手抜き介護」とでもいうべきものです。

この「手抜き介護」は、さきほどみた私たちの社会の支配的物語である「献身的介護」から大きく逸脱します。そのため、私たちは、この「手抜き介護」について公衆の面前で語ることを躊躇します。しかし、交流会に参加する家族は、この「手抜き介護」ついて躊躇することなく語ることができるのです。[10]

筆者は、この「手抜き介護」こそ、セルフヘルプ・グループとしての認知症家族会における「共同体の物語」（第1章参照）であると考えたいと思います。この「手抜き介護」という表現やそれに類似する言葉は、複数の認知症家族会において共通して観察できるものです。

認知症家族会における交流会の場は、比較的閉じられた一種のコミュニティ（共同体）といえます。そこでは、「手抜き介護」に関する介護経験を語っても、否定されることや、攻撃を受けることはありません。認知症家族会では、共同

体の物語として、「手抜き介護」を語ってもよいという雰囲気を醸成することで、一般的な社会では不謹慎とされる内容を語ることを許容します。この「手抜き介護」という共同体の物語は、さきほどみた、「実母に手をあげる」という語りにくい内容を許容し、語りやすくしているといえるでしょう。

以下では、認知症家族会の交流会の場における言語的なやり取りに注目することで、どのようにして、この「共同体の物語」を醸成しているのか、詳しくみていきたいと思います。

ここで使用するデータは、複数の認知症家族会における継続的な参与観察(15グループ、35セッション、2004年〜2011年)から得たものです。交流会での言語的なやり取りを速記、あるいは録音によって記録し、それをもとに逐語録を作成しました。逐語録は、語られた内容だけでなく、語り口や場の雰囲気が伝わるように作成しました。[11]

4　共同体の物語を醸成する聴き方

(1)　語りやすくする工夫①

認知症家族会では、さまざまなやり取りが行われています。ここでは特に、さきほど検討した「共同体の物語」を醸成することに寄与していると思われるやり取りをみていきたいと思います。

まず注目したいのは、義母の介護を行っているAさん(女性)と司会のやり取りです。

> Aさん：自分が結局頂点なんですよ。家の中の権力者なんですよ。もうやることが支離滅裂なので。「おかあさん、これはこういうやり方がいいよ」と言っても結局受け入れない。(中略)あとね、話の途中で、自分の話を投げ出す。そして泣いたと思ったらもう笑ってるみたいな。

司　会：ついていけないよね（笑）。
Aさん：だから真面目に話を最後まで聞いているとストレスなんですよ。錯乱しているんですよね。

　ここでAさんは、義母が横暴であり、話す内容が首尾一貫していないことを訴えています。Aさんはこのことにうんざりし、参っている様子です。
　認知症患者がこのように介護者の指示に従わないということは、一般的にみられる症状です。そして、教科書的にいえば、認知症患者とのコミュニケーションとして、「こういうやり方がいいよ」というような指示をすることは不適切な行為とされています。
　このような内容を語った家族に対してどのような対応をするかというのは、立場によって異なるでしょう。たとえば、専門家であれば、認知症患者に指示をしてはいけず、認知症患者に話を合わせるほうがいい、ということを丁寧に伝えるかもしれません。
　ところがここでの司会の反応の仕方は、それとは異なったものです。司会は、「ついていけないよね（笑）」と、Aさんに話を合わせ、共感的に反応しているのです。
　そしてこの反応に乗せて、Aさんは、「ストレス」を感じているということ、また、実母が「錯乱している」という率直な内容を語っています。一般的には、実の親の介護を「ストレス」という否定的な言葉で表現するのははばかられます。しかしここでは、司会者の「ついていけないよね（笑）」という反応のおかげで、「ストレス」という自らの負担感を表す言葉を引き出すことに成功しているといえるでしょう。ここでの司会の「ついていけないよね（笑）」という共感的な対応は、この家族会の交流会の場において、「手抜き介護」に関する話を話してもよいのだという雰囲気を醸成しているのです。

（２）　語りやすくする工夫②

　ところで、このＡさんは、家族会への参加経験が複数回あり、家族会ではどのようなことを語っていいか十分に理解しています。しかし、家族会への参加が初めての参加者の場合はどうでしょうか。家族会の作法を十分知っていない場合、他の参加者の顔色をうかがい、一般的には差し障りのない「献身的介護」について話し始めるかもしれません。

　このことを予防するために、活動年数が長く、ベテランのスタッフがいる家族会では、意図的に「共同体の物語」を提示し、「献身的介護」を語る必要はなく、「手抜き介護」を語ってもいいのだということを伝えることがあります。たとえば、ある家族会では、次のような工夫を行っています。

　ある日の交流会は、司会１名、専門家１名、ベテラン介護者４名、複数回参加したことのある家族３名、今回が初めての参加であるという新規参加者１名（Ｂさん）、という合計10名の顔ぶれで交流会が行われました。司会、専門家、ベテラン介護者は、運営スタッフです。

　このような場合、運営スタッフにとっては、新規参加者１名（Ｂさん）に語ってもらうことがとても重要な目標です。また、複数回参加したことのある家族３名にもきちんと語ってもらう必要があります。

　まず大切なのは、最初に、誰がどのような内容を語るかいうことです。まず口火をきるのは自身も介護経験のある司会です。司会は、自己紹介を兼ねて、自分の介護経験を赤裸々に話します。そして次に、ベテラン介護者や複数回参加したことのある家族に介護経験を率直に語ってもらいます。ベテラン介護者の発言に他のベテラン介護者が反応し、さらに司会も加わりながら、困難な介護経験について活発にやり取りが行われます。

　そして司会は、１時間半ほどの時間が経過し、交流会も終盤に差し掛かったところで、次のように新規参加者であるＡさんに発言を促します。

　　司　会：こういう風に皆さん話をしているんですけど、ご自分で今一番お

困りになっていることがあればお話ください。

Ｂさん：ひところよりは少しは良くなったような感じは受けるんですね。と申しますのは……（この後、過酷な困難経験についての語り）。

　司会がＢさんに話題をふるまでの１時間半の間に、「共同体の物語」は十分に醸成されます。困難な介護経験を率直に語ることが許容され、そのことを皆が受け入れてくれるという雰囲気ができあがっているのです。そこでは、もはや「献身的介護」を語る必要はありません。

　このときのＢさんは、初めての参加であるにもかかわらず、よどみなく自らの困難経験を語ることができ、他の参加者との語り合いを一定の時間、行うことができました。時間をかけて丁寧に醸成された「共同体の物語」は、Ｂさんの困難経験をスムーズに引き出すことに寄与したといえるでしょう。

　もしこれが、司会者が、交流会の冒頭で「自由に介護で苦労した経験をしゃべってください」と、漠然とＢさんに発言を促したとしたらどうなっていたでしょうか。Ｂさんは、「何を」、「どのように」語って良いか分からず、大いに戸惑ったでしょう。Ｂさんは、どのような話題が適切なのか、不適切なのかを探りながら、慎重に語らなければならなかったはずです。

　ところで、この日の交流会を締めくくる際、司会は次のように発言しています。

司　会：次回はＢさんの話からスタートしたいと思います。

　この促しにより、Ｂさんは、次回の交流会で、冒頭から困難な介護経験について十分時間をとって分厚く話すことができるでしょう。

　そして今度は、逆に新たな新規参加者を語りやすくするための共同体の物語を築くことにも貢献していくのです。新規参加者だったＢさんは、次回の交流会では、自ら語ることで支援を受けることにもなり、また、他の人を語らせ、それに反応するなどして支援を提供する側にも回ることになるのです。まさに

ピア・サポートとして支え合いを機能させるための工夫といえます。

（3） 物語への介入

　以上の関わりは、認知症家族会で話を促すために共同体の物語を醸成させるための特徴的なかかわりといえるでしょう。しかし、認知症家族会では、ただ単に、傾聴し、参加者に語ってもらえばいいというわけでありません。もう一歩踏み込んだ「介入」も行っているのです。

　次のやり取りは、娘の介護と、嫁としての介護の違いについてやり取りが行われている場面です。なお、ここで登場するCさんは実の親を介護しています。

　　Cさん：私は遊べないな（手抜きができず、献身的に介護をしてしまうという意味）。

　　ベテラン介護者：やっぱりそこが違うんだよね。嫁と娘の違いだわね。

　　司　会：だって私ら過去のお母様の立派だった頃は知らないもん。つまり嫁に来てからの、その人でしょ。それこそあの人は立派で、こういうことができてどうのって言われても、私はほとんど呆けたのしか知らないわけだからね。それがどうしたと正直思いつつ。

　　ベテラン介護者：特養（特別養護老人ホーム）に入っているでしょ。気がつくところが違うわけよ。やっぱり娘は細かいところまで、お母さんのよりよい介護をしてもらいたいわけだから、注文が違うのよ。私達（嫁）は大雑把。特に私はおおざっぱだから、きれいな格好をしていて、お尻がきれいで、お洋服もちゃんとした格好をしていたら、あとは要求はしないのよ。要求しないのと言ったらおかしいけど、だけどそこまで維持するのは大変だとわかっているからね。だけど（実の娘は）細かい。もう細々細々ね。

　　司　会：今日は髪の毛をとかしていただいたんでしょうか、歯みがきはさ

せていただいたんでしょうかとか、いろいろなことが始まる。コーディネイトが違うんでしょうかとか。いろいろなことになるのよ（笑）。やっぱり家にいたその形に戻したいのよ。血縁は。
Cさん：ああ、それは無理ですよ。結局、（家で献身的に介護をしていた自分に）同化しちゃうんでしょうね。客観的に見られない。裏返せば。客観的に見られないから苦しんじゃうんですよね。

　ここでは、嫁と姑による介護への考え方に関するやり取りが行われています。Cさんは、最初は、司会や世話人が実践していたという手抜き介護の話を聞いて、「私は遊べない（手抜き介護ができない）」と返答しています。それに対して、介護経験のある司会とベテラン介護者が嫁と娘の介護の違いについて、経験にもとづいて丁寧に語っています。

　ここでは、介護経験の浅いCさんよりも、司会とベテラン介護者が多くの発言をしています。Cさんは逆に聴き手に回っています。そして司会は、最後に嫁と娘の介護の違いを分析し、「やっぱり家にいたその形に戻したい」という娘の気持ちを代弁します。この司会の発言は、それが実現不可能であることをCさんに気づかせ、Cさんの「それは無理ですよ」という冷静な発言を引き出しています。そして、Cさんは「結局、（家で献身的に介護をしていた自分に）同化しちゃうんでしょうね。客観的に見られない。裏返せば。客観的に見られないから苦しんじゃうんですよね」と、娘としての介護の難しさを自分自身で整理し、納得しています。ここでの一連のやり取りにより、Cさんは自分の介護経験を冷静に見つめなおすことができたと思われます。

　興味深いことに、ここでの「嫁として介護」と「娘としての介護」という経験の違いは、対立を生んでいません。むしろその経験の違いが、Cさんに新たな気づきを与えているといえるでしょう。

　次は、献身的介護をしている人（Dさん）の物語に介入し、その「書き換え」を試みている場面です。

司　会：今は介護にベッタリで、仕事もお辞めになったから、100％介護でしょ？

Ｄさん：そうです。

司　会：まあ自分の仕事もちょっとあるから、20％か、30％は自分の生き甲斐とか、楽しみがあるかもしれないけど、でもお母さんの状況が重たくなることは決まっているわけだから。

Ｄさん：決まっていますか？　全然悪くなるようには見えない。

ベテラン介護者：良くはならない。

(中略)

Ｄさん：うちは75歳。まだ75歳。おかしくなってから３年くらい。

ベテラン介護者：大事に生きれば20年生きる（笑）。

司　会：だから、正直あなたがどこまで我慢する気があって、どこを見捨てる気があるかってこと。私が思うのは、お母さんの人生も大変な人生だと思うけど、あなたのこの大変な人生が続くわけですよ。

Ｄさん：うん、そうなんですよ。

司　会：あなたの人生は、ハッキリ言って潰れているわけでしょ？

Ｄさん：そう、浸食されています。

　これはかなり強い介入といえます。Ａさんがこだわっている献身的介護の物語に対して、批判的とも取れる対応をしています。

　たとえば、「お母さんの状況が重たくなることは決まっている」という言葉に、Ｄさんが「悪くなっているようには見えない」と反論するわけですが、ベテラン介護者は間髪入れず「良くはならない」と付け加えています。また最後に司会は、Ｄさんに対して、「あなたの人生は潰れている」と強い調子で語りかけています。

　このような司会者とベテラン介護者による介入は、リスクが高いように思われます。Ｄさんの介護経験を否定し、Ｄさんを傷つけることにもなりかねま

せん。

　しかしここでの介入のあり方は、Dさんにとってプラスに作用したと思われます。語弊を恐れずにいえば、「ナラティヴ・セラピー」の「外在化」と似たような効果があったといえるでしょう。

コラム5　ナラティヴ・セラピー

　ナラティヴ・セラピー（Narrative Therapy）は、1980年代、オーストラリアのマイケル・ホワイト（Michael White）とニュージーランドのデイヴィッド・エプストン（David Epston）が創始した家族療法（Family Therapy）における新興アプローチです。このアプローチは、ホワイトとエプストンが1990年に出版した *Narrative Means to Therapeutic Ends* によって世界的に注目を集めました。日本では、1992年に『物語としての家族』（金剛出版）として邦訳されています（White & Epston 1990=1992）。

　ナラティヴ・セラピーは、当時のポストモダニズムの対人援助理論として注目を集めつつあった社会構成主義（social constructionism）やフランスの哲学者、ミシェル・フーコーの権力論の影響を強く受けています。このような理論的背景を持つナラティヴ・セラピーは、従来のアプローチとは大きく異なる考え方をします。また、「影響相対化質問法」、「ドミナント・ストーリー／オルタナティヴ・ストーリー」、「ユニーク・アウトカム」、「再著述」などの独特の技法や概念を用います。そのため、ナラティヴ・セラピーは、「難しいアプローチ」として有名で、実際にプロの対人援助職であっても使いこなすことのできるのは一握りです。しかし、従来の方法では改善のみられないクライエントを支援するうえでは、魅力的な方法といえるでしょう。

　このナラティヴ・セラピーの代名詞ともいえる技法は、「外在化」です。ナラティヴ・セラピーでは、「クライエント」は「問題」ではなく、「問題それ自体」が「問題」であると考えます。そして「問題」が「染み込んだ」クライエントに対して、その「問題」を「外に追い出す」ようにかかわります。このこ

> とを、ナラティヴ・セラピーでは外在化と呼んでいます。
> 　この外在化を促すためには、「問題」を「名付ける」という方法が用いられることもあります。クライアントに染み込んだ「問題」は、名付けられることで輪郭が明確になり、クライアントから切り離して語ることが可能になります。そして、クライアントは、自分から切り離された「問題」と向き合い、対処していくきっかけを得るのです。
> 　たとえば、『物語としての家族』では、子どもがお漏らしのことを「スニーキー・プー（ずる賢いプー）」と名付けることで、「お漏らし」としての「問題」を外在化し、その「問題」に向き合う子どもの様子が例示されています。

　ここではまず、「母の状態が悪くならない」というDさんの認識（＝問題）をあえて否定します。そして、「20年生きる」という少し極端な発言をすることで、Dさんにとって必ずしも意識化されていない未来の状態をイメージさせます。その上で、Dさんに自分の人生も大切にするように促します。

　このようなやり取りの結果、Dさんは、いまの自分のやっている介護が「献身的すぎる」という「問題」に気づきます。その後Dさんが語った「侵食されています」という発言は、大きな意味を持ちます。Dさんが介護者としての人生だけではなく、自分の人生に目を向ける転機となる発言といえるでしょう。

　ナラティヴ・セラピーにおいて「問題」を外在化するための技法としては、「名付け」が有名です。「問題」に名前を与えることでその輪郭を浮かび上がらせ、クライアントと問題を切り離してとらえることができるようになります（White & Epston 1990=1992）。しかしこの場面では、この「名付け」を行うことなく、「問題」を外在化していることは注目に値します。

　ここで注意しなければならないのは、この司会とベテラン介護者は、ナラティヴ・セラピーを意識してこのような介入を行ったわけではない、ということです。そもそも、この2人は、カウンセリングのトレーニングを受けた専門家ではなく、ナラティヴ・セラピーというアプローチの存在は知りません。それ

なのに、なぜこのような介入ができたのでしょうか。

　この章の関心に引きつけていえば、その背景には、「共同体の物語」があったと考えることができます。すでにみたように認知症家族会における共同体の物語は、「手抜き介護」であり、「献身的介護」と対極をなすものです。つまり、共同体の物語は、「献身的介護」を「問題」としてとらえる視点を持っています。だからこそ、ここでの司会とベテラン介護者は、献身的介護を「問題」と見なし、Dさん自身の人生から切り離すように関わることができたといえるでしょう。

（4）　卒業後への対応

　私たちの社会の支配的物語として、献身的介護の影響力はとても強いものです。それは、要介護者の施設入所や死亡により、介護を「卒業」した家族に対しても、プレッシャーをかけ続けます。

　たとえば以下のようなやり取りがあります。

> Eさん：71歳の父親を介護しています。介護度5、胃ろうが始まって10年。今は施設に入っています。（中略）施設の家族懇談会に出てくるのは13家族だけ。預けっぱなしという人が多いんですよ。私は毎回出ている。
> 司　会：それでいいんですよ。
> Eさん：でも、話していることはわかるので、ベラベラ話している。「来たよ」と話すと一応返事をする。やっぱりわかるんですよ。表情に出る。お父さんとチュウしている（笑）。
> 司　会：スキンシップはすごくいい（笑）。
> Eさん：家で看ていたら介護ウツになっていたかも。いまはお稽古やボランティアで毎日スケジュールが埋まっている。

　Eさんの父親は、「介護度5」という重度の要介護者です。Eさんは、最近

まで在宅で胃ろう（経管栄養）の対応をするなど大変な介護を続けてきましたが、現在は父親を施設に入所させています。

　一般的にいえば、胃ろうで介護度５の要介護者が施設に入所することは仕方のないことです。Ｅさんが在宅で介護を続けるのは限界だったといえるでしょう。しかし、Ｅさん自身は、父親を施設に預けたことを十分に受け入れることができていません。在宅での介護を継続できなかったことを割り切れず、自分を責めているのです。だからこそ、Ｅさんは、父親を「預けっぱなし」にはしないで、家族懇談会にも定期的に出席しているとみることもできます。

　このＥさんに対して司会は、「それでいいんですよ」と肯定的に受け止めています。この司会の反応は、単なる相槌以上の意味を持っています。ここで司会者が肯定した「それ」が指し示す内容は、Ｅさんが、在宅で介護を継続しようと頑張ったこと、介護の継続が難しくなって施設に預けたこと、そして施設の家族懇談会にきちんと出席していることを含む、包括的なものと考えることができます。Ｅさんの複雑な心情を踏まえた適切な反応であったといえるでしょう。

　その後、Ｅさんは、施設入所後も父親と良好な関係を築けていることを「チュウしている（笑）」とユーモアをもって語っています。そして司会も、「スキンシップはすごくいい（笑）」と肯定的に受け止めています。そして、Ｅさんの「家で看ていたら介護ウツになっていたかも。お稽古やボランティアで毎日スケジュールが埋まっている」という現状を肯定する発言を引き出しているのです。

　ここでみてきたやり取りからわかることは、「献身的介護」の物語は、「手抜き介護」の物語に単純に書き換えられるものではないということです。司会は、支配的物語である「献身的介護」を完全には否定しません。「献身的介護」に配慮しながら、「手抜き介護」としての施設に預けているという現状を肯定するように関わっています。司会者が、「献身的介護」と「手抜き介護」のバランスを取りながら肯定的に受容することは、Ｅさん自身に「いまの状況で良

い」という肯定的な現状認識をさせているのです。

　Eさんの場合は、在宅介護は卒業しても、施設には入所している状態です。ですが、要介護者が死亡した場合はどうでしょうか。死亡した場合は、「献身的介護」を続けることはできません。さきほどのように定期的に施設に訪問することもできなくなります。

　このことを考えるうえで、次のやり取りは示唆的です。

　　Ｆさん：５月に母親を送って１年になる。１年経って、寂しくないといえば嘘になる。
　　司　会：本当によく頑張りましたね。Ｆさんは認知症介護の神と言われた存在ですから。12年間、認知症介護をしていましたから。
　　Ｆさん：自分もそうだけど渦中に入るとわかんなくなる（笑）。でも父には冷たかった気がする。精神的にも肉体的にも。
　　司　会：大人になりましたね。

　母親を見送って１年が経過したＦさんは、母親が居なくなったことの寂しさを語っています。これに対して司会は、これまでのＦさんの12年にも及ぶ過去の介護経験を振り返り、「認知症介護の神」と最大級の肯定的な評価しています。この司会の発言を受け、Ｆさんは、母よりも前に介護をした父のことを振り返りつつ、父親のときの介護と母親の時の介護の違いについて語ります。するとここで、司会は、「大人になりましたね」と語りかけています。

　この「大人になりましたね」という発言は、12年に及ぶＦさんの介護経験を総括するうえで有効であったと考えられます。つまり、当初は混乱しながら介護をしてきたＦさんが、12年の介護のなかで、献身的介護と手抜き介護のあいだで上手くバランスを取りながら介護を行うことができるようになったということを、一言で表現することができているのです。２人の親の介護を終えた後も、まだ複雑な感情を持っているＦさんに対して、現状を肯定するかかわり方といえるでしょう。

（5） ユーモアの活用

　筆者は、すでに述べたように複数の認知症家族会への参与観察を行い、そこでのやり取りを記録し、逐語録を作成してきました。この逐語録を読み返してみると、参加者の発言数が多く、活発なやり取りが行われている家族会の逐語録ほど、司会者や参加者の発言のあとに、"（笑）"の符号がたくさん付いていることに気付きます。つまり、参加者から多くの語りを引き出すことのできる家族会では、ユーモアが多用され、笑いの渦の中で介護経験が語られていると考えられるのです。

　以下では、3つの場面を引用することで、認知症家族会においてユーモアがどのように活用されているかを詳しくみていきます。

　まず取り上げたいのは、徘徊に関する話題です。

> Gさん：交番から電話がかかってきたんです。「ご主人はおりますか？」と言うから、「ちょっと今出かけております」と言ったら、「ここにおりますから」って（笑）。
>
> Hさん：（笑）。
>
> Gさん：「パトカーで送りますか？」って言うから、「いや、パトカーで送らなくても、私が迎えに行きますから」と言って迎えに行ったら、「おう、どうしたんだ？」って。本人が交番で待ってるんです（笑）。
>
> 一　同：（笑）。
>
> Gさん：だからちょっと目を離すと、やっぱり帰れなくなるらしい。でも帰れなくなると、交番に行くらしいんですよね。
>
> Hさん：ああ、それはいいね。
>
> Gさん：そうなんですよ。この前も歩いていたら、なんかわけわからなくなって、「大丈夫、ここ帰れば家に帰れるから」って言っても、サッサッサッと交番に行くんです。

Hさん：それはいいじゃないですか。
Gさん：「ここをまっすぐ行ったら家だから」と言っても不安なんですね。交番に入って行って、「すみません」って言って（笑）。「あんたどこから来たのですか？」と言われて、「それがわからないんですよね」と言ってる（笑）。
一　同：（笑）。

「徘徊」は、介護者にとって大きな負担を伴う、文字通りの「問題行動」です。徘徊した認知症患者を探しだすことは容易ではありません。また近隣住民や関係機関などの周囲に迷惑をかけるという気苦労もあります。そして、認知症患者の徘徊の責任は、家族介護者に求められてしまいます。そのため、この話題を公衆の面前で、気安く語ることはためらわれます。

ところが、ここでのGさんは、認知症患者自身が交番を上手く活用して自己解決する様子についてユーモアを交えて語っています。Gさんは、近親者の徘徊という語りにくい話題をユーモアという形式をとることで語っているのです。そしてこのユーモアは、他の参加者にも自然なかたちで受け入れられています。他の参加者は、「笑う」ことをもってこのユーモアを受容し、さらに、「ああ、それはいいね」、「それはいいじゃないですか」と肯定的な反応をしています。

次に取り上げたいのは、「認知症になると、身体は元気になる」という話題です。

Iさん：元気は元気ですね。うちも2年間、風邪も引いたことない。不思議ですよね。頭だけなんです（笑）。
Jさん：あれ、不思議（笑）。
Iさん：病気ひとつすることがないんですよ。検査しても（笑）。
Kさん：うちもそうですよ、どこも悪くない（笑）。
Iさん：どこも悪くないんですよ。医者が太鼓判を押しているんですから（笑）。

Kさん：うちもお風呂に入れてあげても、やっぱり丁寧に拭こうとすると怒るから、いい加減な感じでやって、濡れたような状態で下着着ても（風邪を）引かないんですよ（笑）。
Iさん：不思議だよね（笑）。
Kさん：まあ、助かりますけどね（笑）。
一　同：（笑）。
Kさん：今は階段でも1段おきでも飛んでいっちゃうんですよ（笑）。
Lさん：そうですか（笑）。

　「認知症になると、身体は元気になる」というのは、真偽不明の俗説ではありますが、多くの認知症家族会で繰り返し語られる定番の話題です。ここでも、この不思議な法則についてユーモアを交えたやり取りが行われています。まず、Iさんの「不思議ですよね（笑）」という発言に対して、「あれ、不思議（笑）」（Jさん）、「うちもそうですよ。どこも悪くない（笑）」（Kさん）という自分の経験に引きつけた反応があります。また、Kさんの「まあ、助かりますけどね（笑）」という発言に対しては、交流会の参加者一同で「笑い」を持って受け止めています。
　このユーモアは、いわゆる「"なんとか"は風邪を引かない」という不謹慎な慣用表現を連想させるため、一般的にはタブー（禁忌）として受け止められることもあるでしょう。しかし、ここで忘れてはいけないのが、このユーモアの根っこには、決して軽くない家族の介護負担があるということです。このような前提があるからこそ、語り手はユーモアをもって語ることができるのであり、また聴き手は笑うことによって受け止めることができるのです。
　最後に取り上げたいのは、「手をあげる」ことに関する話題です。

Mさん：うちは年中、被害妄想。でも、身体はなんともない。でも認知症。辛いのは、すぐ「おまえは策略家だ。俺を陥れようとしている。なんていう悪人だ」って言う。「お前は敵だ」って、戦う気でい

　　　　　る。「俺は戦う。やってみせる」って。もう大変。私がいけない
　　　　　とも思うこともある。たしかにそういう部分もある。でも私も一
　　　　　生懸命やっている。たまに、棒でひっぱたきたくなる（笑）。
一　　同：（笑）。
Мさん：介護は、私が満たされていないから上手くできない。でもやって
　　　　　いる。でもときどき、ほんとひっぱたきたくなる（笑）。
一　　同：（笑）。
Мさん：でも、（叩くことは）やってませんよ……。
司　　会：1度や2度はいい（笑）。
Мさん：そうですか（笑）。
一　　同：（笑）。

　Мさんは献身的に介護している義父に暴言を吐かれる過酷な体験をしています。Мさんは、この経験を表現するうえで、「棒でひっぱたきたくなる（笑）」というユーモアを用いています。そして参加者はこのユーモアを「笑う」ことで受け止めています。
　一般的な常識からいえば、このユーモアを「笑う」ことはできません。「虐待」を連想させるこの話題は、私たちの社会では「不謹慎」であるため、ユーモアとしては受け入れられないのです。しかし、認知症家族会には、このような一見、「不謹慎」な話題すらも、ユーモアとして受け止める懐の深さがあります。
　以上、3つの場面をもとに、認知症家族会の交流会においてユーモアがどのように活用されているのかを具体的にみてきました。そこでわかったことは、このユーモアは、この章で注目してきた「共同体の物語」の醸成と深くかかわりがあり、語りにくい話題を語りやすくすることに貢献していると考えられます。
　すでにみてきたように、「献身的介護」が支配的な影響力をもつ私たちの社

会では、認知症患者に寄り添い、心を込めて介護をすることが求められています。そこでは、手を抜いていい加減に介護することは許されていません。手をあげるなどはもってのほかです。そしてそのような行為は、口にすることすら禁止されているのです。

　一方、「手抜き介護」という共同体の物語を有する認知症家族会では、そのような「献身的介護」が求められることはありません。そのことを可能にするために一役買っているのがユーモアや笑いといえるでしょう。ユーモアや笑いは、「献身的介護」の行動規範の影響を無効化し、その世界をひっくり返します。そうすることで、参加者の目の前に、「手抜き介護」を否定しない別の世界を映し出すことができるのです。

　このような「共同体の物語」は、不謹慎な話題やタブーをも許容するほど強力なものです。しかし、まさにそのことによって、一般的には語ることのできない、率直な介護経験を語ることを可能にします。だれにも語れなかった辛い経験を語ることができ、それを一緒に笑ってくれる仲間（ピア）がいるということは、介護家族にとって大きな心の支えとなるでしょう。

おわりに

　認知症家族会の交流会では、当事者同士の支え合いが行われています。そこでは、家族介護者がかかえる特有の困難に寄り添った支援が可能です。このような認知症家族会が有するピア・サポートの機能は、当事者である家族介護者が集まることで自然に発揮されるわけではありません。この章では、交流会参加者の言語的なやり取りに注目することで、このピア・サポートの効果が生じる仕組みを明らかにしてきました。

　その際に注目したのは、私たちの社会に支配的な影響を及ぼす「献身的介護」と、交流会の場において参加者に共有される「手抜き介護」という対比的な2つの規範的な物語です。

「献身的介護」は、認知症患者への介護を行う際の介護の行為規範として、とても強い影響力をもちます。この規範は、認知症患者本人の尊厳に配慮した介護を行ううえで有効です。しかし、家族介護の理念として過剰に援用されることで、家族を介護に縛り付ける危険があります。

一方、「手抜き介護」は、交流会の場において「共同体の物語」として機能します。これは、一般的には語ることのできなかった介護経験を語ることを許容します。交流会の場では、司会者、ベテラン介護者によって「共同体の物語」が醸成され、参加者が「手抜き介護」を語ることを促します。「献身的介護」にとらわれている参加者へは、積極的な介入を行うこともあります。また、「卒業」に伴う複雑な感情をありのままに受け止めます。さらには、ユーモアを活用することでより強力な「共同体の物語」を作りあげているのです。

このようにこの章では、認知症家族会においてピア・サポートの機能が発揮され、専門家にも難しい支援を可能にしている背景には、「共同体の物語」を巡る言語的なやり取りがあることを明らかにしてきました。それは、支配的物語を否定し、共同体の物語を肯定するという単純なやり取りではありません。家族に染み込んだ支配的物語は、簡単に拭い去ることはできないのです。

家族は交流会の場を一歩でれば、献身的介護の支配的物語に侵食を受けます。献身的介護の物語にも配慮しつつ、手抜き介護の可能性を提示することで、介護者自身が自分の介護生活を相対化し、客観的に振り返る機会を与えるのです。このように認知症家族会の巧みなやり取りは、家族介護者にとって支援的に機能しているといえるでしょう。

筆者は、この章で行ってきたこのような検討が、実際の認知症家族会がかかえている課題に対応していくうえで有用であると考えています。

近年、認知症家族会は注目を集め、多くの自治体で設置されるようになっています。30年前に、認知症の人と家族の会（旧呆け老人をかかえる家族の会）が活動を開始したころとくらべれば隔世の感です。しかし、すべての家族会が適切な支援活動ができているわけではありません。たとえば、単に情報提供に終

わっている家族会、専門家のアドバイスに終始してしまっている家族会などでは、ピア・サポートが十分に発揮されず、支援効果が上がらないという問題があります。参加者が集まらず、活動を休止し、解散する家族会も少なくありません。

　このように、家族を支援する家族会もまた支援を必要としているという現状があります。家族を支える地域の社会資源として認知症家族会がきちんとした役割を果たすためにも、家族会の運営支援は、重要な課題といえます。この章における考察が、今後の家族会運営のヒントとなれば幸いです。

注
1)　これまで長きに渡り日本の認知症対策は、2002（平成14）年の推計にもとづいて計画されてきました（高齢者介護研究会 2003）。ところが、10年後の2012（平成24）年の推計では、当初の予想を大幅に上回るペースで認知症高齢者が増加していることが示されました（厚生労働省 2012）。
2)　「地域包括ケア（システム）」は、日常生活圏域におけるサービス提供体制のことです。この考え方は、その拠点となる地域包括支援センターが設置された2006（平成18）年度以降、盛んに議論され、2012（平成24）年度に制度的に本格導入されました（地域包括ケア研究会 2009；地域包括ケア研究会 2010；宮島2012）。この「地域包括ケア」が目指すのは、認知症患者を含む高齢者が「住み慣れた地域で暮らし続ける」ことのできる社会であり、そこでは「在宅介護」が推進されることになります（長寿社会開発センター 2011）。しかし、「介護する家族」の立場からいえば、その実現には多くの負担を家族が担わなければなりません。「介護する家族」の存在抜きに、「在宅介護」は語れません。高齢者が「住み慣れた地域で暮らし続ける」ことのできる社会を実現するためには、「介護する家族」への支援の充実が不可欠といえるでしょう。
3)　認知症サポーターは、2012（平成24）年9月30日時点で363万1903人養成されています。このうち、キャラバン・メイトと呼ばれる認知症サポーターを養成する際の講師役を務めるひとは、7万6724人です。また、認知症サポーター養成講座の開催回数は、10万3078回に及びます。キャラバン・メイトを養成する研修会の回数も1220回を数えます（地域ケア政策ネットワーク 2012）。
4)　セルフヘルプ・グループと同様にピア・サポートを活用した支援方法としては

心理教育・家族教室をあげることができます。心理教育・家族教室は、主に統合失調症の患者をかかえた家族への支援プログラムとして導入が進んでいます（後藤 1998, 2012）。また最近では、「意図的なピア・サポート」と呼ばれる取り組みも普及しつつあります（久野・小林・園・宮本 2012）。本章は、このような潮流を意識しつつも、ナラティヴ・アプローチの立場から、交流会における参加者の言語的やり取りに注目することで、ピア・サポートを論じるものです。

5）　近年の介護・医療の領域では、「問題行動」は「BPSD (Behavioral and Psychological Symptoms of Dementia; 認知症の行動・心理症状)」と呼ばれるようになっています（加藤 2005；日本認知症ケア学会 2011）。この新しい表現が採用された背景には、「問題行動」とはあくまでも介護者側の立場の言い方であり、認知症患者本人の視点に立った表現ではないと考えられたからです。しかしこの章では、介護する家族による受け止め方を表現するため、あえて「問題行動」という言葉を使用します。

6）　「経験の権威化」を防ぐことは、今後の認知症家族会が専門家とのパートナーシップを深めていくうえでも有効といえるでしょう。なお、市橋（2010）は、専門家が持つとされる「専門性」の大半は、当事者も訓練しだいでは身に付けることができることを指摘しています。こうした「力をつけた当事者」を前にして、「当事者ではない専門家」が果たすべき役割を考えていくことは、今後のセルフヘルプ・グループの運営を考えていく上で重要な課題といえるでしょう。

7）　このように見てくると、専門家が認知症家族会に関与することは、適切でないように思われるかもしれません。しかし、長年活動を継続している家族会のなかには、専門家が司会や世話人として積極的に関与するものもあります。交流会の場面でも、家族の気持ちを汲み取り、家族の発言を促す関わりをしているケースも多くあります。このような認知症家族会における専門家の関与を検討するうえで示唆的なのは、心理教育・家族教室の取り組みです。認知症家族会の運営に、心理教育・家族教室のアプローチを導入した先駆的実践としては、松本（2003, 2006）があります。

8）　同じことは、「家族としての介護」だけでなく「仕事としての介護」にも言えます。十分な人員配置がない状態でのパーソンセンタードケアの導入は、介護職のバーンアウトにつながるといえるでしょう。

9）　「献身的介護」を行うためのノウハウは、家族介護者にとっての大きな関心事です。たとえば認知症家族会では、○○というメーカーのリハビリパンツは使いやすい、デイサービスに行くのなら○○が良い、○○病院より○○病院の方が親切である、といった具体的な情報交換が活発に行われています。

10) この「手抜き介護」に類似した言葉は、近年出版された介護体験記のなかにもみられます。たとえば、『がんばらない介護』(野原 2005)、『ふまじめ介護』(田辺 2008)、『笑う介護』(松本・岡崎 2007) などの言葉がタイトルに採用されています。こうした一見、「不謹慎」とも思えるタイトルを有した介護体験記は、率直な介護経験が記載されていることから、実際に介護に従事している家族からは高く評価されています。
11) 倫理的配慮として、認知症家族会の代表者に対して文書と口頭により調査の同意を得ました。また交流会の場において、参加者に対して研究目的で参与観察している旨を伝えました。

3 複数のセルフヘルプ・グループを
たどり歩くことの意味

はじめに

　アルコール依存や薬物依存、ギャンブル依存などといったアディクション（嗜癖）の問題を抱えた当事者にとって、セルフヘルプ・グループに参加することは、その回復において重要な過程となっています（斎藤 1984）。今日、アディクション問題を抱えた本人に対する医療や福祉、カウンセリングの現場では、専門家による治療と平行して、AA（Alcoholics Anonymous）や NA（Narcotics Anonymous）、GA（Gamblers Anonymous）などのセルフヘルプ・グループに定期的に参加することがしばしば勧められます。

　この時、アルコホーリク（アルコール依存者）には、アルコホーリクのグループである AA が[1]、薬物依存者には薬物依存者のグループである NA が、ギャンブル依存者には、やはりその当事者のグループである GA への参加が勧められます[2]。それは、アディクションの治療に長く関わってきた精神科医の斎藤学が述べているように、「同じ悩みをもつ者同士が完全に対等な個人として、過去の自分の体験をもち寄るところに意味がある」（斎藤 1984：16）と考えられているからです。こうした考えは、今では当事者の間にも広く浸透しており、そうした問題を抱えていると自覚したら、専門家のもとを訪れるよりも先に、自らセルフヘルプ・グループに足を運ぶということをする人も少なくないようです。

コラム6　アディクション（嗜癖）

　嗜癖治療の第1人者として知られる精神科医の斎藤学は、「嗜癖（addiction）」とは、「ある習慣への執着」であり、「もともと合目的で適応的であったひとつの行動が、適切な自己調節機能を欠いたまま積み重ねられ、もはや個体の利益にそぐわなくなっている状態」（斎藤 1984：3）であると述べています。嗜癖行動の代表はアルコール依存ですが、嗜癖の対象となるものは他にもさまざまなものがあり、薬物依存やギャンブル依存、買い物依存などがよく知られています。また、一般に拒食症や過食症として知られている摂食障害や人間関係への嗜癖といわれる共依存なども嗜癖行動の一種としてとらえられることもあります（Schaef 1987=1993: 28-47）。

　しかし、そうしたグループを実際によく見てみると、薬物依存であるのにNAに馴染めず、代わりにAAに参加することを選んだり、アルコール依存であるのにAAに馴染めず、他のグループに参加することを選んだりする人が、少なからずいることに気づきます。なかには、同時に複数のグループに参加しながら、「自分に合う」グループを見定めている人もいるようです。さきの斎藤の指摘に従うなら、こうしたセルフヘルプ・グループの眼目は、「同じ悩みをもつ者同士」が、「自分の体験をもち寄る」というところにあるはずです。にもかかわらず、彼らは、「同じ悩み」を抱えているはずのグループに違和感を覚え、より「馴染める」、「自分に合う」グループを求めていくつかのグループをたどり歩くということをしているようなのです。ではなぜ、彼らは、「同じ悩み」を抱えているはずのグループに違和感を覚え、複数のグループをたどり歩くということをしているのでしょうか。彼らは、それぞれのグループにどのような意味づけを行いながら、そこに参加しているのでしょうか。また、このような当事者を前にした時、医師や看護師、カウンセラーやソーシャルワー

カーなどの専門家は、彼らにどのようなグループへの参加を助言すればよいのでしょうか。

この章では、こうした問題について、特に「同じ体験を語り合う」という、AA や NA などで中心的に行われている活動の中から考えていきます。その際、特にデータとして参照するのは、ギャンブル依存の問題を抱えながら複数のグループをたどり歩くということをしていた A さんの事例です。

A さんは、関東在住の40代の男性で、自分にギャンブル依存の問題があると認識していて、GA に参加している当事者でした。しかし、彼は、参加している GA グループにある種の違和感を覚えていたようで、GA と並行して、情緒的問題を抱えた人たちのグループである EA（Emotions Anonymous）にも参加していました。もちろん、彼が住む地域では、GA グループはいくつかの会場で開催されており、近隣に GA がないために次善の策として EA に参加していたというわけではありませんでした。あくまで、ある会場で行われている GA グループに参加をしつつ、同時に自らの選択で並行して、ある EA グループにも参加をするということをしていた当事者でした。

コラム 7　AA（アルコホーリクス・アノニマス）

AA（Alcoholics Anonymous）は、アルコホーリク（アルコール依存者）のセルフヘルプ・グループです。AA は、嗜癖の問題を取り扱うセルフヘルプ・グループの原点と言われていて、現在、世界170ヶ国に11万4000グループが存在し、メンバーの数は200万人以上に及んでいます（Alcoholics Anonymous World Services 2013）。AA の成功はまた、類似のグループの誕生に影響を与え、薬物依存者の NA（Narcotics Anonymous）、強迫的ギャンブラーたちの GA（Gamblers Anonymous）、摂食障害（過食など）を抱えた人の OA（Overeaters Anonymous）などが、AA のやり方を取り入れる形で設立されました。

AAは、ビルとボブという2人のアルコホーリクの劇的な出会いを起源としています。ニューヨークの株式仲買人であったビルは、1935年、オハイオ州アクロンに仕事で赴く際、ここで仕事に失敗したらまた飲み出してしまうかもしれないという不安にかられていました。彼は、その時点で6ヶ月ほど断酒を続けている最中だったからです。ビルは、同じアルコホーリクたちとの出会いの中で「アルコホーリクだけがアルコホーリクを助けることができる」という信念を得ていました。彼は、アクロンに行った際に「おまえには話をするもう1人のアルコホーリクが必要なんだ」と突然気付きました。そこでメッセージを伝えたもう1人のアルコホーリクが、アクロンの医者ボブでした（Alcoholics Anonymous 1957=1990: 73-117）。

　ボブは、飲酒の問題を克服しようとさまざまなことを試しては失敗を繰り返していました。そんな中で出会ったのがビルでした。ボブは、ビルとの出会いを後にこう語っています。「もっとも大切なことは、彼がアルコール依存に関連して、自分の話していることを体験によって知っている、これまでに私と話した最初の生きた人間だったことである。言いかえれば、彼は私の言葉を話したのである」（Alcoholics Anonymous 1976=1979: 302）と。

　その後、AAは全米の各地に、さらには世界中へと広がっていきました。日本では、AAは1950年代に米軍施設などから紹介され始めたようです。そして、1975年に東京・蒲田でミーティングが開催されたのが、日本でのAAの本格的な始まりとされています（AA日本20年の歩み編さん委員会 1995）。

　AAにおいて、回復のプログラムとして最も重視されているのが「12のステップ」です。12のステップでは、ソブラエティ（飲酒しないで生きること）を達成・維持する上で乗り越えるべき課題が段階的に示されています。一方、AAでは、AAというグループを維持・存続させていくための留意すべき原則を示した「12の伝統」というものも定められています。この12のステップと12の伝統を用いたグループは、前述したNAやGA、OAなど今では多数あり、これらは総称して「12ステップ・グループ」とよばれています。

　ここで、彼が参加していたGAグループとEAグループについて説明しておきたいと思います。GAもEAも、いわゆる「12ステップ・グループ」（Katz

1993=1997: 11-27）と呼ばれるタイプのセルフヘルプ・グループです。既によく知られていることですが、この「12ステップ・グループ」といわれるタイプのセルフヘルプ・グループの起源は、1935年に始まったAAです（Alcoholics Anonymous 1976=1979）。このプログラムを模して強迫的ギャンブラーたちが1957年に始めたのがGAです（GA日本インフォメーションセンター 2010b）。12ステップ・グループにおける運営原理である「12の伝統」をみると、GAでは「GAのメンバーになるために必要なことはただひとつ、ギャンブルをやめたいという願いだけである」と述べられていて、「ギャンブルをやめること」が、GAにおけるメンバーの主たる目標になっているということがわかります（GA日本インフォメーションセンター 2010a）。

　一方、EAは、感情・情緒的な問題からの回復を目指すグループとして1971年に始まったグループです（EAインターグループ 2012）。EAの「12の伝統」の中では、「EAのメンバーになるために必要なことはただひとつ、感情・情緒的に良くなりたいという願いだけである」と述べられており、EAにおいては、「感情・情緒的に良くなる」ということがメンバーの主たる目標として掲げられています（EAインターグループ 2012）。

　GAもEAもAAやNAと同じ12ステップ・グループであり、その日々の活動の中心は「ミーティング」と呼ばれる体験の語り合いで、これが「言いっぱなし・聞きっぱなし」という特有のルールのもとで行われています。この「言いっぱなし・聞きっぱなし」というのは、文字通り、各メンバーがここで行う発言は「言いっぱなし・聞きっぱなし」であるというルールで、ミーティングの場では他人の発言に対し、感想を述べたり、質問したりしてはならないということになっています。また、「アノニミティ（無名性）の尊重」ということも謳われ、グループの中では本名などの個人情報は伏せられ、互いを呼び合う際もニックネームでよいことになっています。そして、公民館や教会などの一室を借りて1～2時間程度行われる「ミーティング」では、数名から多い会場で2、30名近くのメンバーが集まり、机やテーブルを囲むようにして着席します。

ミーティングの冒頭では、グループで発行した小冊子の中の数節をメンバーが読み上げ、その後、メンバーの体験談の語りが順番に時間いっぱいまで行われます。これが、一般的な12ステップ・グループのミーティングのスタイルのようです。

　私が数年前から参与観察調査を行ってきたEAのとあるグループも、そのようなグループのひとつでした。このEAグループ（ここではαグループと表すことにします）は、関東地方のある町で週1回開催されているEAの一会場で、ミーティングは「オープン」形式で行われていて、本人以外の関係者や見学者の参加も認めているグループです。私はここで、社会学を専攻している研究者で、大学の講師であることを名乗り、あくまで「メンバー」ではなく「見学者」という立場で参加させてもらいました。そして、この参与観察調査の中で出会ったのが、Aさんという1人のメンバーでした。

　Aさんがαグループに最初にやってきたのは、私が調査を始めて間もなくのころでした。この時、Aさんは、「これまではGAに出ていましたが、今回、知り合いに声をかけられてここにやってきました」ということを述べ、EAにも来てみたが、GAにも参加しているギャンブル依存の当事者であるということを語っていました。その後、Aさんはαグループに定期的に参加するようになり、αグループの中でも比較的中心的と言いうるようなメンバーになっていきました。そんな中で、時折、彼が語っていたのが、GAグループで感じた「違和感」であり、GAグループにも参加しつつEAグループにも並行して参加することの「意味」でした。

　アディクション問題に対する治療や介入の原則からすれば、アルコール依存ならAAへ、薬物依存ならNAへ、ギャンブル依存ならGAへの参加をする中で回復を目指すというのが、基本です。「同じ悩みをもつ者同士」が、「自分の体験をもち寄る」ところにセルフヘルプ・グループの意義があるとすれば、そうなるのが当然でしょう。しかし、グループに参加している当事者たちの発言を聞いていると、必ずしもそうはならないことがあるようです。アルコホー

リクとして AA に行ってみたものの、薬物依存者として NA に行ってみたものの、ギャンブル依存者として GA に行ってみたものの、そのグループに「馴染めなかった」、「違和感を覚えた」、あるいは「あそこには行きたくなくなった」などという話は、よく当事者から耳にします。さらに、そうした経験から、薬物依存者でありながら AA に行ってみたところ意外に馴染めた、ギャンブル依存者でありながら EA に行ってみたら居心地のよさを感じた、などという話も少なからず耳にします。A さんもまた、そのような思いを抱いた 1 人であったようです。はたして、こうしたグループに参加する当事者にとって、グループに「馴染める／馴染めない」、あるいは「居心地よく感じる／違和感を覚える」ということは、どういうことなのでしょうか。また、A さんがそうであったように、いくつかのグループをたどり歩いたり、複数のグループに参加したりすることは、問題を抱えた当事者自身にとってどのような意味を持つのでしょうか。

　A さんの GA や EA への参加の仕方からは、こうした問題を解き明かすヒントが得られるように思われます。そこで、この章では、αグループで見聞した A さんの語りと A さん個人に対して行った聞き取り調査のデータから、A さんにとって GA や EA はそれぞれどのような意味を持っていたのか、グループのメンバーにとって「馴染める／馴染めない」、「居心地よく感じる／違和感を覚える」ということはどういうことなのか、いくつかのグループをたどり歩いたり、複数のグループに参加したりすることは、当事者自身にとってどのような意味を持つのか、といった問題について考えていきたいと思います。

1　A さんにとっての GA と EA

　私が行った聞き取りの中で A さんが語ったところによると、A さんが GA に行くようになったきっかけは、病院（精神科）への入院から 1 年ほど経った時に看護師から紹介されたことでした。ただ、自分にギャンブル依存の問題が

あるということは入院当初に看護師から指摘され、その時から問題意識は持っていたそうです。彼は、この時のことを次のように語っています。

> Aさん：看護師さんの方から、入院して2、3日目に「あなたの問題はギャンブルに関わっていることだから」って。ま、病院の方ではギャンブルのこととかやって（専門的に扱って）はいないんですけど、GAでいうところの20の質問っていうのをやってみて、結構当てはまっていたんで、自分はギャンブル依存症だなって思って（中略）あとは、GAに通って、そっちを主に治すことにしようと思ったんですよね。

こうして看護師の指摘をきっかけにして、Aさんは自分が「ギャンブル依存」に陥っており、それを治療することが必要であると自覚しました。ただ、そもそもAさんが入院に至った直接の経緯について尋ねたところ、その直接のきっかけはもう少し別のところにあったと語っています。

> ———最初に病院につながるようになったきっかけというのは、何がどういう感じで「問題」になったんですか。
>
> Aさん：えー、あまり言いたくはないんですけど、自分、パチンコ依存、ギャンブル依存があって、それで、借金を作って、で、病院の方に行かなくなって、あのー、まあ、自殺してしまおうと、実際、そういう自傷行為みたいなことをしたんで、それで、まあ、病院に入院するようになったんですけど。で、まあ、とりあえずは「うつ」ということで、入院させてもらったんですけど。（中略）

そして、入院から1年ほど経った頃、改めて看護師からGAへの出席を勧められて、そこからGAに行くようになったそうです。

> ———GAに実際に行くようになったのは、入院してからどのくらいたっ

てからですか？

Aさん：そうですね、1年3ヶ月入院していましたけど、1年後くらいからですかね。だから退院3ヶ月くらい前から毎週行くようになったという感じですかね。ま、その前から行きなさいとは言われていたんですけど、なかなか足が向かなくて、やっと起きられるようになって、動けるようになって、通い出したのが退院3ヶ月前ぐらいですね。

─── 最初は足が向かなかったというのは、どんな気持ちで足が向かなかったんですか？

Aさん：ま、結構怖かったというか、自分の性格上、そういう誰も知らないところに1人で行って、話を聞くのか、するのかもちょっとわからなかったんで、何をどういうふうにしているのかもわからなかったんで。ま、行くまでに、自分の中で行ってみようと思うまでに、そういう時間がかかったということですね。

　Aさんの話によると、Aさんは自分にギャンブル依存の問題があると自覚しつつも、GAにはなかなか足が向かなかったそうです。こうしたGAに対する苦手意識は、GAに通い始めて3ヶ月ほど経っても解消されなかったといいます。

─── それで（GAに）3ヶ月通って、3ヶ月ぐらい経つと結構慣れてきますよね。話とか、できるようになってきた感じでしたか？

Aさん：うーん、いや、ミーティングでの話自体は、なかなかできなかったですね。3ヶ月ぐらい経っても、まあ、思ったことが言えないというか、考えがまとまらないというか、まあ、今でもそうなんですけれど、なんか、ちょっと考えがうまくまとまらないような気分になって、うまく話ができないっていうのはありましたね。

ただ、そうした「馴染めなさ」を意識しつつも、Aさんはギャンブル依存からの回復を目指すべきと考え、GAに通い続けることが必要だと語っています。

　───やっぱりGAはギャンブルの問題が中心という印象はありますか？自分の持っていた感情のこととかは話しにくかったりという印象はGAにはあったんですか？

　Aさん：話しにくいっていうか、まあGAはGAで、そういう意味では自分の一番大きな問題だと思っているんで、通うことが大事だなと思っていたのは事実なんですけど。まあ、そういう印象ですね。まあ、GAに通わないとなって気持ちが、続けなければなっていう気持ちが強かったのは確かですね。

　一方、知り合ったGAメンバーからEAを紹介された後、実際にEAにも行ってみたAさんは、EAにGAにはない「とっつきやすさ」を実感したと言っています。

　───で、実際、EAに最初に出てみた時の印象はどうでしたか？

　Aさん：うーん、どうだったかな。まあ、やっぱり、いろんな人がいるかな、っていう感じで、EAは感情の問題だからかもしれないですけど、ミーティング中に泣いている人もいたし、そういうのが、こういう感じのミーティングもあるんだな、という感じですかね。

　───そこはGAとはだいぶ印象が違うという感じでしたか？

　Aさん：そうですね。GAはまあ、ギャンブルの問題で借金がどうのこうのという話だけでしたけど、EAはいろんな話があって、自分に結構近いことっていいますか、まあ、うつとか、そういう病気になった人が多かったんで、そういう感じではとっつきやすかったっていうところもありましたね。

そして、この聞き取りにおいてAさんは、今ではGAよりもEAのメンバーに対してより親近感を感じているということを語っていました。

───── EAのメンバーの方が今のところは親近感があるという感じですか？
Aさん：そうですね。
───── 親近感って大きいですか？
Aさん：それはありますね。

Aさんは、自分にはギャンブル依存の問題があり、そこから回復することが必要で、そのために通い続けなければならないのがGAだ、というように意識していたようです。しかし、同時にGAに対しては、馴染めなさや孤立感も意識していたようです。その一方で、EAについては、馴染みやすさ、とっつきやすさを感じ、より積極的な気持ちで参加できる場という思いを抱いているようでした。

では、AさんがGAに対して感じた「馴染めなさ」とは、何だったのでしょうか。また、EAに対して感じられた「とっつきやすさ」とは、何だったのでしょうか。もちろん、これらはあくまでAさん個人の印象であって、GAやEAに参加するメンバーのすべてがこのような思いを抱くわけではありません。しかし、Aさんのように、当初の目的のために参加したグループに違和感を覚えたり、馴染めなかったりして、別のグループによりどころを求めるという参加者は、最初に述べたように少なくありません。このことは、セルフヘルプ・グループが、問題を抱えた当事者にとって、誰が、いつ、どのグループに参加しても常に効果的に作用する場になっているわけではない、ということを表していると言えます。ならば、どういう当事者にはどういうグループが肌に合い、どういう当事者にはどういうグループが馴染めないのかという問題は、その当事者自身にとっても、彼らをサポートする専門家にとっても重要な問題であるはずです。

そこで、以下ではこうした問題について、本書の第1章、第2章でも言及さ

れたナラティヴ・アプローチの観点から考えていきたいと思います。

2　GA における共同体の物語と A さんの物語

　ここでは、GA と EA とを並行してたどり歩いていた A さんの語りをナラティヴ・アプローチの観点から分析していきたいと思います。なお、ナラティヴ・アプローチの具体的な内容については、第 1 章で詳しく述べられていますので、ここでは繰り返しません。本章で行う分析において主に注目するのは、A さんが現在に至るまでの人生上の体験について語る物語の「筋」（プロット）と彼が参加した GA、EA というそれぞれのグループとの関わりです。なかでも特に注目したいのは、GA、EA それぞれのグループの「共同体の物語」（第 1 章参照）と A さんが語る物語との関わりです。

　第 1 章においても説明されているように、私たちは日々の経験やその積み重ねである人生を、物語の形で語り、理解します。とりわけ、問題や苦しみを抱えた人にとっては、その個々の経験をいかなるものとして意味づけ、因果関係を整理し、そして人生全体をどう秩序づけていくか、ということが大きな問題となります。これは、さまざまな経験からなる人生を、どのような筋を持った自己物語として構成していくのか、という問題です。

　では、こうした物語は、どのようにして構成されるのでしょうか。自己の人生を語る物語というのは、ある日突然、個室の中で何かひらめくようにして作られるわけではありません。浅野智彦が述べているように、自己の物語というのは、そもそも他者との関係の中において語られるものです（浅野 2001）。このことは、自己物語が、他者が語る物語を前提として、その影響を受けつつ、他者が語る物語と矛盾しない両立可能な物語として構成されるということを表しているといえます。つまり、人が語る自己物語の筋には、彼を取り囲む人間関係や共同体の価値観が反映されるのです（浅野 2001：10-13）。

　では、問題や苦しみを抱えた当事者は、セルフヘルプ・グループに参加する

中で何を見出すのでしょうか。ここでは、これを特にナラティヴ・アプローチの視点から考えてみたいと思います。

　先にも述べたように、AAをはじめとする12ステップ・グループでは、メンバーの体験談の語り合いが活動の中心に置かれています。特に初めてグループに参加したメンバーは、ここで「同じ問題」を抱えた他のメンバーたちの物語に出会うことになります。第1章で解説されている通り、ここで出会う、グループのメンバーたちの中で共有されている、一定の共通性や類似性を持って語られる物語が「共同体の物語」です。この共同体の物語に出会うということが、グループに参加したメンバーには大きな意味を持ちます。というのも、共同体の物語には、問題や苦しみを抱えたところから、何らかの変化を遂げるという筋が含まれていることが多く、その共同体の物語と同型の物語を語れるようになることで、そこに含まれる問題や困難への対処の仕方や、それを乗り越える精神的な力が得られる、とまずは考えられるからです。

　そこで、Aさんが最初に参加したセルフヘルプ・グループであるGAの共同体の物語について考えてみたいと思います。その際、ここでは、GAメンバーの体験談を掲載しているある資料集の中から、GAの「共同体の物語」と言えるような筋を表しているものを2編例示して、検討することにします。

【ケース1】
　私がギャンブルを始めたのは、22歳の就職後間もない頃、会社の同僚からパチンコに誘われたのがきっかけでした。正直私は、それまでギャンブルには無縁でした。（中略）
　しかし何度か同僚とパチンコに行くうちに、次第にその面白さにのめり込んでいき、気が付くと同僚の誘いがなくても1人でパチンコに通うようになっていました。最初は数千円勝ったり負けたりの繰り返しでしたが、そのうち負けが続くようになると、給料だけでは到底足りなくなり、キャッシングをしてまでパチンコをしてしまうというお決まりのパターンに陥

っていたのです。自分は大丈夫という思いとは裏腹に、こうして私の17年にも及ぶギャンブルと借金漬けの人生がスタートしたのです。

　サラ金に手を出すまでにそう時間はかかりませんでした。(中略) 周りにギャンブルや借金のことは隠し続けていたものの、25歳の頃には借金は300万円に膨らみ、もう自分の力ではどうすることもできない状態になっていました。(中略)

　39歳の時、借金は400万円になり、3度目のどうにもできない状況となっていました。再度、妻や妻の両親にも借金は発覚し、もう何もかも終わりだと感じました。もはや私にはギャンブルや借金を隠し続けながら仕事も続け、普通の父親を演じていく力は残っていませんでした。月に十数社のサラ金の返済に追われ続けてきたこの17年の生活にはほとほと疲れ切り、気力も生きる力も失っていました。

　(中略) 私は、多重債務の相談を受ける市民団体に助けを求めました。(中略) 同時にGAにもつながり、あれから6年が経ちます。ギャンブルは止み、家族とも離散せずにすみましたが、何年経っても明日どうなるかはわかりません。難しいことはわかりませんが、GAを通して自分自身の人生や生き方を見つめ直す時間をもらえていることに改めて感謝したいと思います。」(アディクション・セミナー実行委員会 2010：31)

【ケース2】
　34歳の私は、妻、子供も2人いましたが、パチスロが止まりませんでした。営業職で、平日の昼間、お金・時間を都合つけて、パチンコ屋へ、ほぼ毎日通っていました。

　あさ、妻と子供達に見送られて出勤、会社に着くまでは、「今日こそまじめに仕事をしよう」と考えていました。会社に着き、普段パチンコばかりしていて客先に訪問していないので、上司から色々チェックされるのが嫌でした。そのため、準備もそこそこに、営業車に乗り込み、当てもなく

第3章 複数のセルフヘルプ・グループをたどり歩くことの意味　83

走り出しました。
　1人になると考えるのは、借金や、横領している会社の金のことばかりでした。「どうしよう…今ある金を増やすしかない！」という考えになるのに、そんなに時間はかかりませんでした。(中略)
　仕事も、家族も離れていき、「死ねばいいや」と自暴自棄になり、失踪してギャンブル三昧の生活を1ヶ月半過ごし、死ぬことも、生きることもできず、施設よりプログラムにつながりました。
　最初は、「俺には、妻も子供達もいたんだ！　だから、だれより早く回復して、仕事をしなければ！」と考えていました。頭の中に、おれはギャンブルさえしなければまともだ！　という根強い考えがありました。
　仲間の中で少しずつ色んな経験をさせてもらい、「1人で、ギャンブルはやめられないし、やめていても、今の考え方では、辛い！」と感じてきました。3年間は毎日ミーティングに通いました。
　今、少しずつ考え方が変わりつつあります。回復のプログラム、ステップ4、5を通って、「自分には、自信がなくて、恐れが強いんだ！」という事も気付かせて貰いました。(中略)
　これからも、あせらずに、自分がギャンブル依存症である事を認めて、もし家族が、俺に会いたいと言ってくれた時のために準備はしておきたいなと考えています。(中略)」(アディクション・セミナー実行委員会 2009：43)

　この2つの体験談には、GAでよく語られる物語に共通する筋を見出すことができます。それは、第一に、これらの物語が、基本的には伊藤智樹が言うところの「転落と再生の物語」(伊藤 2009) になっているということです。[4] しかも、彼らの語る「転落」は、あくまで「ギャンブル依存であったこと」による転落であり、よってそこからの「再生」ないし「回復」は、「ギャンブルをやめること」がまず第一であり、そこから進んでいくものとして語られています。[5]
　このこととも関連するのですが、第二に、彼らの物語では、「ギャンブルを

やめること」が１度達成されたとしても、その先についてはどうなるかわからず（【ケース１】「何年経っても明日どうなるかはわかりません」）、再びギャンブルに戻ってしまうかもしれないという、この先たどるかもしれない人生の筋が描かれています。さらに言うなら、【ケース２】の例のように、「だれより早く回復して、仕事をしなければ！」というように「回復」の先を性急にイメージすることは、「おれはギャンブルさえしなければまともだ！」という考えに結びつくものとして否定的に述べられています。

「再生」や「回復」についてのこうした控えめなイメージに対して、彼らの「転落」は、非常に大きな転落として生々しく語られています。これが物語の筋に関する第三の特徴です。こうした筋を描くことについて、伊藤は、AAや断酒会のメンバーたちが語る物語を例に、次のように解釈を行っています。

> 自己物語の編集作業は、常に物語のさらなる説得力に向けられる。アルコホーリクたちは、しばしば転落の過程を何度も想起して、自分がいかにひどい飲酒行動をとってきたかを迫力満点に語り直そうとする。その結果、（中略）以前語られた自己物語に用いられていたのと同じエピソードが再度取り上げられ、多くの場合、語り手は、主人公の評価を改めて落とし、責任を厳しく追及する。こうした過程を経ることで、主人公の転落は語り手にとってますますはっきりとしたものになってゆくと考えられる。このことは同時に、再生する主人公をますます説得的に提示することにもつながる。<u>過去の主人公が不幸に陥れば陥るほど、現在の状態は幸福に見えるだろうし、主人公が過去の飲酒によってひどい所業をすればするほど、現在は断酒を続けるべきなのだという目標も、いっそう説得力を帯びてくるだろう。</u>（伊藤 2009：180、下線は引用者）

ここで述べられている「飲酒」を「ギャンブル」に置き換えてみると、GAで語られている物語にも同じような側面を見出すことができるように思います。すなわち、ギャンブルに狂っていた過去の自分が不幸であればあるほど、ギャ

ンブルをしていない現在の状態が幸福に見えるということです。

　GAでは、こうした特有の「筋」を持った物語が「共同体の物語」になっているように思われます。

　それでは、このようなGAの「共同体の物語」は、Aさんには、どのように受け止められたのでしょうか。

　Aさんは、私が行った聞き取りにおいて、GAのミーティングに参加する時の思いについて、次のように語っています。

>　────（GAに）通い出して、その頃、だんだん印象が変わってきたとかあったんですか？
>
>　Aさん：うーん、まあ、自分の中ではそんなに自分が変わったとか、そういうのは正直なかったんですけど、ただ、<u>GAに行くことで、ギャンブル……、まあパチンコやらないでいられるかなっていうぐらいの感じでしたね。</u>
>
>　────では、GAに行っていれば、ギャンブル依存の問題が、ギャンブルしないですむようになるんじゃないか、というように思って通われていたということですか？
>
>　Aさん：それはそうですね。
>
>　────一番GAに期待していたのは、ギャンブルしないですむ状態が維持できればということだったんですか？
>
>　Aさん：そうですね。

　このように、Aさんは、「自分にはギャンブル依存の問題がある」、「自分はギャンブルをやめることが必要だ」という物語を語ることについては、特に違和感を抱いていたわけではなく、GAの共同体の物語に端から馴染めなかったというわけではなかったようです。

　しかしその一方で、GAに数ヶ月参加する中で、Aさんは、何か語りきれないものの存在を意識するようになっていったようです。

77ページに引用したAさんの「思ったことが言えない」という発言を見ると、この時、Aさんは何か別の物語を語りたいという思いを、はっきりと意識はせずとも漠然と持っていたのではないかと考えられます。では、AさんがGAではうまく語れなかった物語とは、どのような物語だったのでしょうか。おそらくそれは、人生上のさまざまな経験をギャンブル依存と関連づけて語ろうとするGAの「共同体の物語」とは、どこか異なる筋書きを持った物語だったのではないかと思われます。

Aさんの語りが、GAの持つ「共同体の物語」と異なる筋を内包しているかもしれないということは、Aさんの次のような発言からも伺えます。

　———GAだとこういうような話をしなきゃとか、EAだったらこういうような話をしなきゃ、というような意識はありますか？
　Aさん：それはありますね。GAなら、やっぱりギャンブルのことで、今、自分がどういう気持ちでいるかとか、そういうことをやっぱり話さないと。話すべきだろうなと思うし。EAだったら、やっぱり自分の体の状況ですね。それと気持ちの状況を話せたらな、っていうふうに思っていますけど。

GAの共同体の物語では、これまでの人生上のあらゆる転落経験がギャンブル依存と関連づけられ、ギャンブルをやめることができればそれが再生の始まりであるという筋書きが描かれます。Aさんは、ここではそのような関連づけについて「話さないと」「話すべきだろう」という言い方をしています。先にGAのミーティングでは「思ったことが言えない」と語っていた点と考えあわせると、彼は自分の人生全体の再生をすべてギャンブルに関連づけることはできず、また別の物語として語りたいと考えているように思われるのです。

このように、GAの共同体の物語とは別の物語を語りたいという思いが、Aさんに、GAに対する違和感を抱かせ、EAというもうひとつの語りの場を必要とさせたのかもしれません。ならば、Aさんは、はたしてEAにおいては

どのような物語を語っていたのでしょうか。また、GAと同じ12ステップ・グループであるEAには、どのような「共同体の物語」が見出せるのでしょうか。そして、それぞれのグループが持つ「共同体の物語」は、そこに参加するメンバーにどのように作用するのでしょうか。これらの問題について、さらに考えていくことにしましょう。

3　EAにおけるAさんの物語と共同体の物語

では、Aさんは、EAにはどんなことを語りに来ていたのでしょうか。

Aさんは、私が行った聞き取りの中では、EAでは自分の体の状況と気持ちの状況を話していると語っていました。

───最初はEAというのを聞いた時は、どんな印象だったんですか？
Aさん：正直言うと、なんか、ミーティングに出ていて、どんなミーティングもそうなんですけど、それがはたして回復につながるのかっていうのが、今でも正直よくわからないというのが本音なんですけど、まあ、自分が通っている一番の理由というのは、そこで知り合った人と週1回でも会いたいというのと、<u>多少なりとも、今思っていることを話せたら、話すことで、人前で話すことで、自分の苦手である、人とあんまり喋ったりすることができないということを克服することにつながるかな</u>という思いがあって、そういうミーティングに通うというのが、本来の自分の目的みたいな感じがありますね。（中略）
───今のお話の中で、人と話すのが得意じゃないというところが何とか良くなればとおっしゃっていましたが、EAに来る時は、そういうところが何とかなればいいかなというように<u>意識されている</u>という感じなんですか？

Aさん：まあ、そうですね。今、一番主なミーティングというのがEAなんで、で、まあ、知り合いに会いたいというのが一番の目的ですかね。

――――最初にEAに誘われた時というのは、どういう気持ちでしたか？

Aさん：ちょっとはっきり今、思い出せないんですけど、GA以外に、具体的なことを聞いていたわけではないんですけど、こういう話し合いの場もあるよ、行ってみませんか、っていうことで行ったのがきっかけだったと思っているんですけどね、今は。で、その時は、自分の中では、これが自分の病気の回復につながるのかな、っていうようなことはあまり深く考えたわけではなかったんですけど。ただ、やっぱりこういうところで、GAはギャンブルの問題だけですけど、EAは感情とかって言うけど、まあ、とりあえずは何を話してもいいのかなっていうような感じで自分は通っているんで、うーん、そういうところがとりあえず（自分には）合ったのかなって感じですね。

ここではAさんは、EAでは、「自分の苦手である、人とあんまり喋ったりすることができない」という問題の克服を目指していると語っています。また、私が一緒に参加していたEAミーティング（EA参加から約1年後）での語りの中でも、彼は、自分はGAでは話を聞くだけで、「Aさんも話しなよ」と言われても、困ってしまうが、そのような自分の性格を変えたいと語っています。

もうひとつAさんがEAのミーティングでよく語っているのは、「仕事がしたい」という思いです。「できればいずれは仕事もしたい」、「何か少しでも仕事ができるようになったらいいなぁ」ということを彼は頻繁に語っていました。

さらに、78ページで引用した言葉の中では、Aさんは、「EAはいろんな話があって、自分に結構近いことっていいますか、まあ、うつとか、そういう病気になった人が多かったんで、そういう感じではとっつきやすかった」と語っ

ていて、「うつ」の経験を語る場としても EA を位置づけている様子がうかがえます。

　このような A さんの語りを、先に挙げた GA メンバーの物語と比較すると、A さんの語りでは「転落」の様子があまりはっきりとは描かれないようです。彼が気にしている人と喋れない悩みは、ギャンブル依存による常軌を逸した行動としては説明しきれないかもしれません。また、A さんは、私が行った聞き取りの中では、入院に至るきっかけに自殺未遂とおぼしき行為があったことを語っているのですが、この点については、聞き取りの中においても「あのー、まあ、自殺してしまおうと、実際、そういう自傷行為みたいなことをしたんで……」とかなり言葉を濁しています。おそらく A さんの心の中ではかなり辛い記憶なのでしょう。しかし、GA の共同体の物語の中では、このような体験さえもギャンブル依存の影響による行動として生々しく具体的に語るのがよしとされるかもしれません。

　さて、ここまでのことをふまえて整理すると、A さんが EA において語る物語の筋が、あくまでもひとつの解釈としてですが、うっすらと浮かび上がってくるように思います。それは、人と喋れないことやうつの問題を抱えたことで人生を若干踏み外してしまった主人公が、ミーティングに定期的に参加し、そこで自分の気持ちを語ることで、やがてコミュニケーション能力を身につけ、円満な対人関係を築き、仕事に就き、社会復帰を達成する、というような筋です。しかし、このような A さんの物語は、少なくとも前節で見たような GA の「ギャンブルによるどん底への転落とそこからの再生」という筋を基調とする「共同体の物語」とは、だいぶ異なっているように聞こえます。

　ところで、EA の共同体の物語とはどのようなものなのでしょうか。私が参加して観察した範囲では、EA には、一様で具体的な筋書きを持った共同体の物語は存在しないか、せいぜい「私たちはさまざまな『苦しさ』を抱えて今に至った」という程度のとても曖昧な筋からなる共同体の物語しか見出すことはできませんでした。

このように、「共同体の物語」がとても曖昧であるように見える EA においては、しばしば極めて雑多で個性的な語りを耳にすることがあります。A さんが、GA よりも EA で話すほうが話しやすいと感じた理由も、こうしたことに関係しているのではないかと思います。「共同体の物語」が比較的一様で明確な GA においては、ギャンブルに関連づけられない（あるいは、関連づけたくない）エピソードを含んだ物語は語りにくいのに対して、EA であれば、そのような物語であっても「共同体の物語」自体が曖昧なため、許容されます。そのことが A さんに「とっつきやすさ」や「馴染みやすさ」を感じさせたのではないでしょうか。

4　セルフヘルプ・グループのメンバーにとって複数のグループをたどり歩くということ

　A さんのように、最初に参加した（自分が抱えた問題を扱っている）グループに馴染めず、違和感を抱えて他のグループをたどり歩くようなメンバーは、グループの中の「落ちこぼれ」なのでしょうか。いいえ、決してそんなことはないでしょう。A さんは、少なくとも彼なりに自分の物語を模索する途上にあると見ることができます。

　A さんのような行動に関しては、おそらく 2 つの見方が可能でしょう。ひとつは、A さんは自分が抱えるギャンブル依存の問題をまだ十分に認識できていないという見方です。たとえば「アディクションによる転落とそれを脱することで得る人生の再生」という物語を繰り返し語ってきたグループのベテランメンバーの中には、このような評価を行う人もいるかもしれません。この見方によれば、A さんはもっと真剣にギャンブル依存の問題に向き合うべきだということになります。私は、そのような可能性も確かにあるかもしれないと思いますが、ここではあくまでも彼の〈現在〉を肯定する見方をとりたいと思います。つまり、EA のようなメンバーの語りの多様性に寛容な場も時には必要かもしれない、という見方です。A さんのように、特定のグループの「共

同体の物語」の筋には沿わないようなさまざまな思いを語りたいと思われる場合には、EAのようなやや曖昧な語りの場の方が合っているのかもしれません。もちろん、彼が今後私が解釈したような社会復帰に向かう物語を構成していくのか否か、そこにEAがどの程度寄与するのかは、また別の問題でありますが。

いずれにしても、セルフヘルプ・グループに参加する当事者にとって、そのグループの中で、どのような「共同体の物語」が語られているか、ということが、グループでの居心地やその後の継続的な参加に大きな影響を与えるということは少なくとも言えるでしょう。自分の経験を「共同体の物語」に沿ってうまく語ることができるようになるまでのプロセスにおいては、どのような語りの場がその人にあっているのかについて、グループのベテランメンバーや、時には専門家によるサポート（グループの運営に支障のない範囲で個別に助言するなど）も必要になってくるかもしれません。その際、Aさんの場合のように、もし最初に参加したグループに違和感を抱いた場合には、ためらわずに他のグループに参加してみるということが、結果的には、セルフヘルプ・グループへの継続的な参加をうながす場合もありうるのではないかと思います。

※本章では登場人物のプライバシーに配慮し、個別情報が特定できるような調査日時や場所などについては、敢えて掲載しておりません。

注
1) アルコール依存者のセルフヘルプ・グループとしては、日本ではAAの他に断酒会が存在します。断酒会はAAをモデルとして始まった日本特有のグループで、断酒を目的とする点などAAと共通する部分もありますが、そのやり方などはAAとはかなり異なっている部分もあります。本論の議論は断酒会についても当てはまる部分はあると考えられますが、ここでは基本的には考察の対象外とします。
2) その地域に適当なセルフヘルプ・グループがない時には次善の策として他のセルフヘルプ・グループが紹介されることもあるようです。
3) この資料集は、「アディクション・セミナー in YOKOHAMA」という、横浜市

で行われているアディクション関連のセルフヘルプ・グループの集いの場で参加者に配布されたものです（アディクション・セミナー実行委員会 2009、2010）。
4） GA で語られる物語の多くは、「転落と再生」という基本的な筋を共有しつつ、この筋を語るためのモチーフとしてさまざまな言語的資源が用いられています。それらは、「ハイヤーパワー」や「無力」、「否認」、「スリップ」、「今日 1 日」など数多くあり、これらが物語の中に上手に配置されることで、その物語は、メンバー個々の多様でユニークな経験を語ると同時に、GA メンバーとしての同じ経験を語るものにもなっています。
5） 伊藤の AA や断酒会の物語に関する研究では、この点については明確には述べられていませんが、おそらく AA などの物語でも同じようなものになっていると考えられます。

4 葛藤を承認すること、沈黙を共有すること
——あしなが育英会を「物語の共同体」として読む試み——

はじめに

　ピア・サポート、もしくはその主要な場であるセルフヘルプ・グループに対して、一般的に期待されるものには、どのようなものがあると考えられるでしょうか。

　そのひとつと考えられるのが「当事者性」です。セルフヘルプ・グループは、何らかの共通の問題を抱えた人々自身で構成されるべきであり、その問題を解決する立場にある専門家によってコントロールされるべきではない、ということです。このような「脱専門家」志向は、1970年代以降に興隆したセルフヘルプ・グループ研究において、既に指摘されてきました（伊藤 2000 など）。

　もうひとつ考えられるのは、「回復」との関係です。ここでの「回復」の意味は、アーサー・フランクが提示した「回復の物語（the restitution narrative）」の「回復（restitution）」を考えています。フランクによれば、「回復の物語」は「昨日私は健康であった。今日私は病気である。しかし明日には再び健康になるであろう」という筋をもっている物語です。この物語では、主人公は、物語の結末において、いわば「すっかり元どおり」になっています（Frank 1995=2002）。このような結末のあり方は、私たちがしばしば暗黙のうちに専門家に対して期待していることではないでしょうか。

　こうした専門家に対する「回復」の期待は、場合によってはセルフヘルプ・

グループにそのまま向けられることもあります。たとえば初めてセルフヘルプ・グループに参加しようとする人が、参加すれば問題が文字通り「解消」されると期待して参加する場合がそうです。しかし、多くの場合私たちは、セルフヘルプ・グループがそのような場ではないことを知っています。セルフヘルプ・グループには、通常専門家に期待するものとは違う目標があるはずであり、そしてその目標とは「回復（restitution）」ではなく、たとえば「受け入れる」とか「前向きになる」といった言葉でしばしば表わされるような目標だ、と考えているのです。こうしたセルフヘルプ・グループに独特の目標のあり方は、ジュリアン・ラパポートが提唱した「共同体の物語」という概念をとおしてとらえることによって理論的にも理解可能となります（Rappaport 1993）。つまり、セルフヘルプ・グループは、「回復の物語」とは異なる「共同体の物語」を有しており、参加者はその「共同体の物語」を自己物語（自分自身を主人公とする物語）と一致させることによって何らかの変化を実感したりサポートされたと感じたりする、という理解の仕方です。

　このような見方は、あるところまでは有効だと思います。この章の事例である「あしなが育英会」でも、自死遺児を書き手とする手記集が編集・出版されていますが、そこに集められた手記たちには類似した物語の筋が認められるので、それをもって「共同体の物語」ということが、ひとまずは可能です。後でみるように、それらの手記から読みとれる「共同体の物語」は、「回復（restitution）」を語ることが困難な中でも、主人公が自己認識を変容させ前向きになる結末を持っています。すると、この手記集を作るという過程自体が、「共同体の物語」の顔立ちをはっきりさせようとする、あしなが育英会の「物語の共同体」としての働きだという見方が成立します。

　ただし、そのように説明してしまったとき、何か大切なものが見失われるようにも思うのです。ある物語を「共同体の物語」と名指すと、それこそがそのセルフヘルプ・グループの「目標」だと思われがちです。そこには、参加した人は誰でもその「共同体の物語」を目指すのが望ましい、という見方が含まれ

第4章　葛藤を承認すること、沈黙を共有すること

ています。しかし、本当にそうなのでしょうか。修復困難な苦しみの中にいる人が、「共同体の物語」を自分のものとするというのは、そんなに簡単にできることなのでしょうか。そして、参加者個人の自己物語を「共同体の物語」と一致させることがセルフヘルプ・グループにおけるピア・サポートのあり方なのだ、といってしまってよいのでしょうか。

こうした疑問について、この章では、あしなが育英会の活動の一部を事例としてとりあげ、詳しく考察したいと思います。まず、あしなが育英会についての紹介と、手記集に見られる共通した物語の筋について分析した後、この手記集作成プロセスに関わった3人へのインタビューを通して、「物語の共同体」としてのあしなが育英会を読み解いてみます。

1　この章でとりあげる事例に関する導入
——「自死遺児」「あしなが育英会」「つどい」——

まずこの章でとりあげる「自死遺児」について考えてみたいと思います。「自死（自殺）」と聞いてわれわれはなにを考えるでしょうか？　多くの人は「自分とは関係のないもの」「もしかしたらどこかで誰かの知り合いにそんなことがあったかも」くらいにしか思わないかもしれません。

しかし実際の日本社会は14年連続で自死者が3万人を越える「自殺大国」になっています。そして、そのことは、毎年12万人から15万人の自死遺族が生まれていること、日本に暮らす40人に1人が家族を自死でなくしているという事実を示す数字でもあります。われわれは毎日のように交通事故のニュースを目にしますが、実際には交通事故でなくなる方の7倍を超える人たちが自死でなくなっており、それだけ遺された人たちが実際には多くいるのです。しかし、われわれはその存在にしばしば気づいていないのではないでしょうか。

この章での具体的な事例となるのは、あしなが育英会という団体で行われてきた「つどい」であり、そこで行われている「自分を語ろう」「自分史を語る」あるいは「分かち合い」と呼ばれる時間とその参加者の語りです（以下「自分

史語り」と表記します)。

　あしなが育英会は、病気や災害、自死（自殺）などで親を亡くした子どもたちや、親が重度後遺障害で働けない家庭の子どもたちを物心両面で支える民間非営利団体であり、その始まりは、1967年に会合がもたれた「交通遺児を励ます会」までさかのぼることができます。あしなが育英会は、交通事故で死別を体験した遺児への奨学金貸与を行う団体として出発し展開してきましたが、その後、病気や自死などさまざまな要因による死別を体験した遺児を受け入れるようになります[4]。

　「つどい」とはどのようなものなのか、簡単に説明しておきたいと思います。「つどい」とは、あしなが育英会が高校進学・大学進学のために奨学金をもらう高校奨学生と大学奨学生に対して（強制ではないが）参加を求められる合宿形式のイベントです。「つどい」の参加者は、ゲームやレクレーションなどを行いつつ、いくつかのグループに分かれ、グループリーダーのもと（高校奨学生の場合3泊4日／大学・専門学校生の場合4泊5日の）合宿生活をすごします。そしてそこで一番重要なイベントと位置づけられているのが自分史語りです[5]。

　この後で詳しく扱う『自殺って言えなかった。』という自死遺児の手記集のなかには、この自分史語りの時間に関して次のような記述がみられます。

　　この（自分史語りの）時間には3つのルールがある。①語ったことは、他では話さない、②話したくなかったら話さなくてもいい、③仲間の話を批判・助言しない、ことだ。心の痛みや癒しのプロセスは千差万別であり、ため込んできた思いを「吐き出し」やすいように最大限の配慮をする[6]。
　　（自死遺児編集委員会・あしなが育英会　2002：240　引用文中の丸カッコ内は引用者）

　このうち②は「パスルール」と呼ばれます。この章の後の方（3—(2)）で、どのようにして「パスルール」が発生してきたのか、またそれにどのような意味があるのかを考察したいと思います。

「つどい」あるいは自分史語りの時間に参加することは、「当事者」でない社会学者には基本的にはできません（社会学者による無自覚な参与は、セルフヘルプ・グループの根幹のひとつである「当事者性」を侵害することにもつながりかねませんから）。

そこで、「つどい」に参加した自死遺児たちが出した手記集、『自殺って言えなかった。』をデータとして用いることによって、自分史語りの場でどのようなことが起こっているのかについて、まずは接近を試みます。

2　自死遺児たちの手記集『自殺って言えなかった。』にみられる物語の筋（プロット）

（1）『自殺って言えなかった。』編集の経緯

この手記集『自殺って言えなかった。』は、自死で親を失った人を書き手とする初めての手記集として、2002年に出版されたものです。その半分ちかく（全271ページ中116ページ）は、13人の自死遺児の手記によって占められています。実名を出して書いている遺児、そうでない遺児、家族構成などもさまざまですが、全員があしなが育英会の奨学生であり、手記を書いた時点では大学生か専門学校生です。また全員が働き手である父親を失っています。

この節では、これらの手記をデータとして話を進めます。なお、書き手の名前は、便宜的にアルファベットで表記します[7]。

書き手たちは、親の自死を書くということについて、必ずしも最初から積極的であったわけではありません。

> それでも最初はすごく怖かったな。自殺の問題を社会的に取り上げてもらうことがうれしい反面、ついていけない自分がいた。活動するなかで、前を行く人たちがどんどん進んでいくのが怖くて、私はまだここにとどまりたいと思ったり。（自死遺児編集委員会・あしなが育英会 2002：199）

これは、本書の中にある対談で書き手の1人が語っていることです。自死に

関するあしなが育英会の運動に関わっていくなかで覚えた抵抗感が率直に述べられています。これは、後で述べるように「自死」に強いスティグマが付与されてしまう日本社会の現状を考えれば、ある意味では当然のことと言えるでしょう。

そのようななか、2000年に『自殺って言えなかった。』のさきがけといえる『自殺って言えない』という文集が発行されます。この文集は公刊物ではありませんでしたが、問い合わせが殺到し、12万部が発行されたといいいます（自死遺児編集委員会・あしなが育英会 2002：246）。これを受けて、手記集『自殺って言えなかった。』が公刊されることになりますが、その直前である2001年12月には、10人の学生が、時の首相であった小泉純一郎に自殺防止の施策に関する陳情を行い、うち7人の学生が実名を公表して記者会見に臨んでいます[8]。それら一連の「あしなが育英会」の運動のなかで、さまざまな抵抗感やスティグマに直面しながら、その想いを綴ったものがこの手記であるのです。実際、このような彼らの運動は、さまざまなメディアで報じられ、大きな反響を呼ぶことになりました。

一般の書籍として出版にまで至った過程で、さまざまな形での編集作業が行われているはずですし、「つどい」の内容を知るためのデータとしては一定の限界があるでしょう。しかしそれを認めたとしても、この13人の「語り」のなかに「つどい」がどのようなものだったのかをみていくことはできるでしょう。

他方で、そうした編集作業が個々の手記がもっている物語としての輪郭を整え、それらの手記からわれわれが「共同体の物語」を読み取りやすくなった、という可能性も考えられます。そのような想定のうえで結論を先取りすると、この『自殺って言えなかった。』という自死遺児の手記集のなかには、一定の共通する筋（プロット）を読み取ることができます。

それは〈自死を公にすることへの抵抗〉⇒〈「つどい」での出会い〉⇒〈自己認識の変化〉という筋です。それぞれの部分について、少し詳しくみていきたいと思います。

第4章 葛藤を承認すること、沈黙を共有すること

> **コラム 8　スティグマ**
>
> 　社会学者アーヴィング・ゴフマンによる「スティグマ（烙印）」のもっとも簡潔な定義は「人の信頼をひどく失わせるような属性」です。その属性が他者に知られることにより「彼はわれわれの心のなかで健全で正常な人から汚れた卑少な人に貶められ」る、とゴフマンは述べています。しかしその一方でゴフマンは、スティグマという言葉は個人の「属性」を表現するのではなく「関係」を表現する言葉なのだ、とも述べています。つまり、ある場面や見方においてスティグマとなる「属性」が、異なる場面や見方においては「正常性」を示す証にもなりうる。言いかえれば、スティグマは固定的なものではなく、社会的に変化しうるということです（Goffman 1963＝1970: 11-13）。

（2）『自殺って言えなかった。』にみられる物語の筋（1）
　　　──自死を公にすることへの抵抗

「自死を公にすることへの抵抗」という語りは、ほぼ全員（13人中11人）の手記の中にみることができます。たとえばその中のひとつとして次のようなものがあります。

> 父の死因は小学生のときに知った。自殺だったと母に聞かされて、すごくショックで心臓がドキドキして何も考えられなくなった。「どうしてお父さんが死んだのかと人に聞かれたら、病気で死んだって言いなさい」と強く言われて、自殺はいけないこと、人に知られちゃいけないことなんだと思った。死因を知ってから、自分はまわりの人とは違うんだという思いが強くなり、それが苦痛だったために父のことを考えないようにした。[Yさん pp.92-93][9]

また、これらの「語り」のなかには、先にも指摘したいまだ日本社会に根強く残る自死に対するスティグマ（コラム 8 参照）を意識したものも多くみられます。

> 私たち家族は、父の自殺のことを隠して葬儀を行いました。母は、「自殺なんていうことを他人に知られたら、何を言われるかわからない」と言いました。そして、「このことは絶対に他人に言ってはいけない」ともつけ加えました。私は父のしたことを隠さなければならないということに、どこか納得のいかない気持ちもありましたが、世間というのはそういうものかもしれないと思って母の言ったことを守りました。[B さん p.24]

（3）『自殺って言えなかった。』にみられる物語の筋（2）
──「つどい」での出会い

そして、「つどい」での出会いが、彼らのそれまでの人生の中で「エピファニー（劇的な感知）」（コラム 9 参照）となったことが語られます[10]（Denzin 1989=1992）。

> 父のことが大嫌いで、生きていることの意味さえ見失いかけていた私に、父のことを考えるチャンスを与えてくれたのが、あしなが育英会の「つどい」でした。参加者はみんな何らかのかたちで喪失体験はしているけれども、みんなの親は病気や災害で死にたくないのにしかたがなく亡くなった。だから、みんなはきっと自殺した私の父のこと、そして私のことを仲間だとは思ってくれないだろうと、初めから何も期待していませんでした。それどころか、「つどい」に行くことがいやでしかたがありませんでした。[C さん p.33]

第4章 葛藤を承認すること、沈黙を共有すること　*101*

> **コラム 9　エピファニー**
>
> 「エピファニー」とは、ノーマン・デンジンによる言葉です。「劇的な感知」というのは、何らかの問題的な経験をしている人が、人生に強い影響を与えるきっかけとなる出来事に出会い、その出来事が転換点となることを指しています（Denzin 1989=1992: ⅲ, 13-16.）。またケン・プラマーも、人々の「苦難、生存、克服のストーリー」と「エピファニー」との関連の深さを指摘しています（Plummer 1995=1998: 28-29 他）。

　注意して読みたいのは、Cさんは当初「つどい」への参加に強い抵抗を覚えている点です。それは、それまで自分のスティグマを意識し続けて生きていた彼らにとっては当然の気持ちだと理解できるでしょう。数日間過ごしていくなかとはいえ、ほぼ初めて会った人の前で自分について語ることを求められるのです。これまで自分1人で抱えてきた困難をそんな簡単に他人が分かるはずがない――これは、別に自死遺児にかぎらずわれわれが普通に考えうることです。
　同様の抵抗感は、次のHさんの記述のなかにもみられます。

　　大学1年生の夏、私はあしなが育英会の「つどい」に参加しました。しかし、ここでもどうせ自分のことを理解してくれる人はいないだろうと思っていました。自殺で親を亡くしたのは自分だけで、とても特別な存在なんだと思っていたのです。
　　「つどい」には、3日目あたりに、親の喪失体験や今まで自分が生きてきた過程について話し合う"自分を語ろう"というプログラムがあります。姉が「つどい」に参加していたことがありましたので、私はこのプログラムがあることを知っていました。けれど、「そこで友だちをつくっても、どうせ3日目でまた裏切られるだろう」と思って、あまり友だちをつくら

ないような素振りをしていました。[Hさん p.101]

　しかし、Cさんの場合もHさんの場合も、いずれもその後「エピファニー」として次のような語りが続きます。

> ところが、"自分を語ろう"が終わり、風呂から上がったときに、同じ班の仲間が「（私の）お父さんは頭を打っていたのだからしょうがないよ」と言ってくれた一言で、初めて人に受け入れられたような、理解してもらえたような気がしたのです。また、今まで自分が殺してしまったのではないかと思っていた気持ちに対しても、「しょうがなかったんだ」という言葉で、ほっとすることができました。そして少しずつ、少しずつ、まるで薄皮をはがすようにして、私の気持ちは変わっていくことができたのです。[Hさん p.101]

> きっとこの「つどい」の中にも、私の居場所はないと感じていました。しかし参加してみると、誰も私のことを自死遺児だからといって差別したりする人はいなかったのです。「死因なんか関係ない。みんな同じだよ」と泣きながら話してくれたリーダーの言葉が、今でも忘れられません。正直、受け入れてもらえたことの喜びよりも、驚きのほうが大きくて、父のことを初めて認めてもらえたような気がしました。[Cさん pp.33-34]

　このような「つどい」での出会いをめぐる記述は、13人の手記すべての中にみられます。この本を作るきっかけとなった「あしなが育英会」は一種の運動体であり、その活動の一番の特徴が「つどい」の開催であることを考えると、これは当然であるという見方もできるかもしれません。それでも、この"出会い"という体験が「あしなが育英会」で実践されているピア・サポートの重要なポイントであるという点は、認められるのではないかと考えます。

　しかし同時に、本書の他の章でも繰り返し指摘されているように、外部からみると同様な体験をしたように見える人々の間でも、ただそれだけで「想い」

を共有できるわけではないという点も重要です。「ともに親を喪っている」という共通項だけでは乗り越えられない何かが強く残るのです。

　誰にも言えない生活……。そんな生活も、あしなが育英会との出合いから変わっていきました。それは毎年夏に行われる「つどい」に参加するようになってからです。そこで同じ遺児の仲間たちと出会うことができました。しかし、最初は、なかなか自分からは父が自殺したことが言えませんでした。
　そこに集まったみんなは、涙ながらに自分の体験を語ってくれました。「お父さんはがんで亡くなった。死ぬ間際、涙を流しながら死んでいった。お父さんは死にたくなかったんだ」。
　その言葉は、私にはつらいものでした。「じゃあぼくの父は、死にたくて死んだのか……」、そんな思いが胸に刺さる。苦しい。話せない。「父は事故で死にました」と私は嘘をつきました。ほんとうは違うとわかっているのに、同じ遺児の仲間にも言えませんでした。言えない。どうしても言えない。何がそうさせるのか、その理由はわからなかったのですが、言えなかったのです。［Sさん p.40］

ここには自死で親を喪っているという体験への強烈な意識をみることができるでしょう。また、多くの手記の中で、自死の体験がスティグマとして彼らのその後の人間関係に深刻な影響を与えることも同時に語られています。

　高校に入学しても、ぼくの中で自殺に対する劣等感は消えることがありませんでした。だから、お父さんの自殺を、お父さんが死んでしまっていることを隠していました。知られたらいじめられるかもしれない、その恐怖心で毎日びくびくしながら生活していたような気がします。
　話の中で家族のことやお父さんの話題が出たり、お父さんと遊んでいる子どもを見ると、笑ってごまかしたり、その場から離れてしまっていまし

た。さらに、人と接することに不安を覚え、知らず知らずのうちに人を選ぶようになっていました。そして、何気ない表面上のつきあいしかすることができませんでした。［Gさん pp. 69-70］

彼らは、親の「自死」を経験して以降、日々「パッシング（自死で親を喪ったという真実を知られないように日々を過ごすこと）」（コラム10参照）を行いながら生活を送ってきたといえます。もちろん現代社会に生きるわれわれは、日々さまざまな役割や自己像を、異なる人や異なる集団に対して使い分けているということもできるかもしれません。しかし、問題は彼ら自身が「パッシングを行っている」と自ら強烈に意識しながら生活しなければならなかったことではないでしょうか。

　また、自殺という父の死因にも大きなコンプレックスを抱き、「クラスの友だちに父が自殺で亡くなったことを話したら、どう思われるだろうか」「変なやつだと思われるんじゃないか」「仲間はずれにされるんじゃないか」「もし、話せたとしても、裏切られるんじゃないか」というような思いが頭から離れず、人の輪に入るのが恐ろしくなりました。
　「父親の話になったらどうしよう、そのとき自分は何と答えればよいのだろうか……」
　誰にも言えず、いつしか孤独になっていました。［Hさん pp. 99-100］

コラム 10　パッシング

「パッシング」は、アーヴィング・ゴフマンによる言葉で、スティグマをもった人がさまざまな場面で行うやりとりを分析するための概念です。「パッシング」とは、スティグマが表面化しないようにやりとりを行う（「パス（pass）」する）さまざまな方策を試みることを意味しています。さらにゴフマンは、

> 「パッシング」を行うことは、単に「他の人に自分がどう見られるか」という問題にとどまらず、その人にとって「自分はどういう者なのか」というアイデンティティの問題にも強くかかわってくることを指摘しています（Goffman 1963=1970: 120-124）。

（4）『自殺って言えなかった。』にみられる物語の筋(3)
——自己認識の変化

「つどい」での出会いの後、それまでの自死に対するスティグマがしみ込んだ自己認識が変化したことが語られます。

> 「お父さんが亡くなったのは、あなたのせいではないよ。誰のせいでもないんだよ」
> ほんとうに心からうれしく思いました。今まで抱え込んできたものが、すっと軽くなったような気がしました。そして高校の3年間、私は毎年夏になると「つどい」に参加して、その他の活動にも加わることになりました。そうしているうちに、少しずつ父の自死に対する気持ちも変わってきました。今までは、恨みの気持ちがありましたが、それが消えてきてやっぱり父が好きなんだと気づいたのです。[Fさん p.50]

自死遺児の多くは「なぜ親は自分を残して死んでしまったのか」という問いと表裏をなすかたちで、「自分は捨てられたのではないだろうか」「自分のせいで親は死んでしまったのではないだろうか」という疑問と呵責に長いあいだ さいなまれて生きてきています。この親の死の理由（意味）をめぐる彼らの苦悩は、先ほどもみたようにその死因を公にできないがゆえにより深くなっていきます。

彼らのこの苦悩は、専門家の「あなたが悪いわけではない」というような指摘で簡単に消えるものではありません。Fさんの場合は「自分たちを捨てて死んでしまった父親」に対する恨みがその理由を考えることによって変化してい

きました。Hさんの場合（本書 p. 102）は「自分が殺してしまったのではないか」という気持ちが「しょうがなかったんだ」という言葉になり、そして「少しずつ、少しずつ、まるで薄皮をはがすように」気持ちが変わっていったとなっています。これは「恨み」と「呵責」を通してしかとらえることができなかった父親への気持ち・見方が、ちょっとずつ変化したことを表しているのです。

このようにしてみると、『自殺っていえなかった。』につづられている手記の多くは、「つどい」での出会いを通してエピファニーを経験し、自死に対するスティグマのためにそれまで認めることさえ困難であった自分自身の認識や感情を変化させる、という筋によって構成されていることがわかります。

3　共同体の物語と自己物語との間
――語れるようになるまでのプロセスについて――

ここまで自死遺児達の「手記集」の分析作業を経て、（それぞれの「自己物語」を輪郭のはっきりしたものとして認知できるようになったと同時に）上記の筋（プロット）があしなが育英会の「共同体の物語」ではないだろうか、という見方をすることが一応可能になったと、一旦考えておいてください。

このような見方をとるならば、あしなが育英会の奨学生達は、さまざまな抵抗感を感じながらも、あしなが育英会あるいはそこで行われている「つどい」に参加することを通じて、〈自死を公にすることへの抵抗〉から何らかの意味で解放されるという自己物語を語れるようになり、そしてそのことは同時に、書き手たちの自己物語が「共同体の物語」と一致するものになったということになります。

しかし、ここまでの（手記集の）分析を読んで「そんなにうまく事が運ぶのか？」あるいは「そんなにうまく（スティグマがしみこんだ自己物語が）変容するならば、それは限りなく洗脳に近いのではないか」という疑問をもつ人も多いのではないでしょうか。そして、もう少し頭を働かせる人はさらに次のように思うでしょう。「あしなが育英会の『共同体の物語』っていわれるけど、結局

第4章　葛藤を承認すること、沈黙を共有すること　107

その中身がよく分からないではないか？」。

　実は私自身も、これらの疑問には重要な問いが含まれていると考えているのです。

　「つどい」に参加した遺児たちがすべて同じ過程をたどり、まったく同じ語りをするようになっていたら、それは確かに「洗脳」と呼ぶべきかもしれません。そして、「つどい」に数回参加することでその困難性を（すべて）克服できているとしたら、それは、アーサー・フランクのいう「回復の物語（the restitution narrative）」とほとんど変わらないことになってしまいます（Frank 1995=2002）。

　そこで、もう1度フランクの「回復の物語」概念に立ち戻って、この問題を再検討してみましょう。この物語は、「昨日私は健康であった。今日私は病気である。しかし明日には再び健康になるであろう」という基本的な筋書きをもつ物語です。われわれは、自分の心身に問題あるいは困難性を感じた時、さまざまな専門機関（病院・カウンセリングを受けられる場所など）に出向き、その問題を解消しようとします。「問題（困難性）を感じた前の状態に戻りたい」とか「専門家による治療を受け、それを受け入れ努力していけば以前と同じ状態に戻れるはずだ」などと考えて専門機関に通うのです。[12]

　しかし、この章の最初に記したように、「回復すること」を前提とした専門機関・専門家に限界を感じたところから、セルフヘルプ・グループの実践は始まっていたはずです（「脱専門家」志向）。そうであるならば、セルフヘルプ・グループ的な実践といってよい「つどい」を通して実現した物語が「回復の物語」とほぼ同じであるととらえると、大きな矛盾をきたすことになります。

　そもそも「死別」という経験自体が「元の状態に戻る（亡くなった人が生きていた時の状態に戻る）」ということを想定することができないものです。したがって、「死別」体験に苦しむ人に対して、「回復の物語（元の状態への復帰）」を前提として接すること自体が大きな矛盾を抱えていることにもなるのです。[13]

　このように考えると、『自殺っていえなかった。』の書き手たちによる物語は、

「回復の物語」とは異なるものとしてとらえるべきだということになります。しかし、その上でそれらを自己認識の変化へと至る「共同体の物語」の近似態としてひとまずとらえたとしても、そこには依然として一定の「わからなさ」が残るように思われるのです。

　先に例としてあげた遺児達の間でさえ、自己認識の変化のありようは異なった形で表現されており、他の書き手たちも含めて、手記集に現われる変化のありようは千差万別です。「回復の物語」の結末である「回復」が「元通りになる」という単純でわかりやすいものであるのに対して、ここでの物語の結末は個別的で、はっきりしないかたちをとっているように感じられます。そして、そのようなはっきりしない結末をもつ物語をそれぞれが語れるようになるということが、（しかも手記という後々までかたちが残るモノとして）そんなに簡単に可能になるのだろうか、という疑問が強く残ることになるのです。

　そこで、これまで扱った手記集のデータに加えて、ここからは、手記集の編集あるいは当時のつどいにかかわった３人に行ったインタビューをもとに、いま述べた疑問について検討していきたいと思います。調査対象の１人は、手記集の編集だけでなく、当時の自死遺児との関わりが全般的に強かった元職員Ｐさん。あとの２人は、自らが「つどい」に奨学生として、またリーダーとして参加していたＶさんとＺさんです（そのうちのおひとりは自死で親を亡くされています）。Ｐさんには、「つどい」を試行錯誤しながら運営していく視点から、「つどい」および『自殺っていえなかった。』に関する経緯を振り返ってもらい、ＶさんとＺさんには、そうした経緯の中で遺児がどのような経験をしたのかを語ってもらっています。[14]

（１）「自死遺児ミーティング」を通した自己物語の形成

　まず初めに、そもそもあしなが育英会の「つどい」のなかに自死遺児達の居場所が最初から確保されていたわけではないという事実を確認しておきたいと思います。彼らが「あしなが育英会」のなかで自分たちのことを「自死遺児」

と名乗るようになり、そして『自殺って言えなかった。』という手記集が世に出るまでには、実は長い道のりがあったのです。

　Pさんは、世間から見たら同じ「交通遺児」とひとくくりで見られがちな人たちの経験の間にも違いがあり、そこには語りへの異なる距離感があったのではないか、と次のように述べています。

　　Pさん：交通事故の場合でも、被害者として交通事故にあって亡くなっている場合と、いわゆる自損事故、自分の不注意で亡くなっている場合とがあって、後者の場合は、やっぱり被害者としての事故で亡くなっている時よりは語り辛かったんじゃないかっていう印象はありますね。（中略）一方の加害者がいてという構図から、自損事故の場合はちょっとずれるわけなので……。[20110615][15)]

　他のインタビュー・データのなかには、当初あしなが育英会の内部で自死遺児を受け入れるかどうかということ自体に関して、大きな議論がされたことが示されています。

　　Vさん：自死遺児支援が始まる前の全国会議（募金を通して訴える内容を全国で共有する場）で、自死遺児以外の遺児の中からは、「自死」を正面にだすことで募金の金額が減ってしまう、ひいては高校進学をかなえることができる人々が減ってしまう、という今思うと信じられないような意見も出ました。
　　　そこには、「死にたいから死んだんだろう」というような差別意識が、まだ会場内で強くあり、学生としての方針が決まらず、1日中議論が続きました。結局、当時の事務局長（学生代表）やP先生が入り、また自死遺児の話があり、全国・全遺児の意見が最終的に一致したと記憶しています。[20110822 メールでのインタビュー[16)] 引用文中の丸カッコ内は引用者、以下同]

　そのような奨学生・自死遺児自身の葛藤や、あしなが育英会内の雰囲気のな

かで、彼らは「つどい」のなかの自分史語りの時間だけではなく、あしなが育英会の奨学生のなかでも自死遺児だけによるクローズドなミーティングである「自死遺児ミーティング」での話し合いを始めることになりました。それと並行するかたちで文集『自殺って言えない』（2000年、非公刊）や手記集『自殺って言えなかった。』（2002年、公刊）が編まれていきます。

　当時のことをＰさんは次のように語っています。

> Ｐさん：2000年の２月に合宿（自死遺児ミーティング）をやってから、１回だけじゃちょっと無理だなというか、ただ気持ちを開きっぱなしで終わってしまうと感じたので、３ヶ月に１回くらいの間で、メンバーとして少しずつ新しい子を入れながら、（自死遺児）ミーティングを５回くらいやったんですよね。（中略）その間に、（『自殺って言えない』に）反響の手紙が返ってきたのを一緒に読み、そこでまたどうしようかと考えたり、自分の気持ちの変化を語り合ったり、という積み重ねがあったんです。だから、ミーティングそのものを（文集や手記集の）間あいだに入れていっている訳なんですよ。で、手紙を一緒に読んで、次どうしようかっていっている時に、ＮＨＫの特集番組（「クローズアップ現代」）があったり、その本（『自殺って言えなかった。』）を作ったときの記者発表があったりして、そこでミーティングに来ている何人かが顔を出し始めたりしていく訳ですね。それから、その間にも通常の高校生の「つどい」もあって、そこに彼らが今度はリーダーとして参加していくわけですよ。そういういくつかの動きが重なって、この本（『自殺って言えなかった。』）につながっているんですよね。[20100623]

　このように『自殺って言えない』に対する大きな社会的反響があり、それを受けて「自死遺児ミーティング」は続けられていきました。その中で、『自殺っていえなかった。』に手記を寄せるか否か、あるいはマスメディアに顔を出すか否かといったことについて、各自が決めていったのです。Ｐさんによれば、途中まで手記を書いたけれどもやめた人や、最初は渋っていたけれども締め切

り間際になって投稿した人もいたといいます。

　彼らの多くはまず高校生の「つどい」に奨学生として参加し、その後大学２年生の時に大学生の「つどい」に参加します。さらに高校生の「つどい」にリーダーとして参加し、そのうちの何人かは大学生の「つどい」にシニアリーダー（リーダーの中のリーダー的な立場）として参加する、というプロセスをたどっていました。そして、それと並行して「自死遺児ミーティング」が開かれおり、そこにも参加する。そのようにして、彼らはリーダーの立場としても参加者の立場としても、それらの場にかかわっていくことになります。

> Ｐさん：自死遺児ミーティングのなかだけでもそうですけども、高校生の「つどい」とか大学生の「つどい」とかに彼らは行って、リーダーの立場とか参加者の立場とかで、自分の語りを何回か繰り返していくわけですよね。繰り返しているから、それが文章になっていっている、ということはあると思いますね。いきなりしゃべっていないことを書けっていわれても、なかなか書けないでしょう。でもやっぱり自問自答の深さみたいなものがあって、自問自答をしてきた回数とか深さを経験している子は、やっぱり筆は進んでますよね。進むというか、言葉の深さというんでしょうか。
> ［20100623］

　このように『自殺って言えなかった。』のなかで語られていることは、彼らが「自死遺児ミーティング」に繰り返し参加して、そのなかで自分の気持ちと向き合い、なおかつ高校生の「つどい」のリーダーとしても自分史語りを行っていくなかでつくり上げていったものであることがわかります。

　それは、既成の「共同体の物語」に自己物語を合わせていくというプロセスでなく、むしろ１人ひとりの遺児たちが自分自身のなかで内省し、またそれを「つどい」のなかで、必ずしも自死遺児ではない人も含まれる聞き手の前で語る行為を経て言葉に定着させていったものだと考えられるのです。

（2） パスルール──「語れないこと」の承認

　もうひとつ重要なのは、単に「自死遺児ミーティング」ができたというだけではなく、集会の進め方自体も変わっていったということです。これは、「つどい」あるいは自分史語りへの参加者が、「交通遺児」のみから「災害」「病気」「自死」遺児へと広がっていき、「つどい」に参加する遺児の死別の理由が多様化したことに関わっています。
　このことについて、Ｐさんは次のように語っています。

> Ｐさん：言いたくないって教えてくれるのも結構大変なことですから、話せない自分を責めるんじゃなくて、話せないっていうその自覚とか、気づきとか、そこに意味があるのだから、パスって教えてくれたことをみんなでシェアしましょうっていうことですね。その気持ちもあって当然だよねっていうところまで分かち合いのグループの中でシェアする……。
> ［20100623］

> Ｐさん：司会進行のやり方も、交通遺児の場合だけだと、「ここみんな交通遺児だから」という前提でしゃべってましたけど、病気遺児とか、いろんな死因が複数になってくると、始める前に一通り「私のお父さんは何歳の時に、どういう状態で、病気で、（あるいは）自死でなくなりました」っていうのを一周するみたいな自己紹介をまずやって、その後にリーダーの先導役のような語りがあって、で、その後に……他の人も話したり、それを聴いたりしていきましょう、というふうになっていったんですね。<u>始まりの、なんて言うんでしょう、導入の仕方ですよね。それを、少し丁寧にやるようになったんですよね。</u>
> 　いきなり先導役、リーダーがしゃべるっていうだけじゃなくって。みんなが１人ひとり、一回り自己紹介する。あとはやっぱり、その中で、必ずしも無理矢理話すことなくって、パスしてもいいっていう「パスルール」を入れたってことがありますね。［20110615（下線は引用者、以下同）］

「パスルール」というのは、先にもふれた「その場で話したくなければ話さなくてもよい（パスしてもよい）」という決まり事のことです。Ｐさんの話からは、「つどい」に参加する遺児の死別の理由が多様化し、集会の進め方が模索されていく中で、パスルールが導入されたことがわかります。

　既に示した事例のなかでも出てきていることですが、自死遺児が自分の死別体験を交通・病気・災害遺児のなかで話せるのか、話すべきなのかに逡巡することは、『自殺って言えなかった。』の中にもいくつかみいだせます。

　　「つどい」の数日間のなかには、"自分史を語る"という、つらかった体験を分かち合う時間があります。そこで私は、父の死について話さなければなりませんでした。私は同じ班になったみんなが、病気や事故、地震などのさまざまな理由で親を亡くしたという話を聞いて、とてもかわいそうだと思いましたが、それでも正直なところ、「自分の父の話はするべきでない」と思っていました。
　　自殺というのは非常に難しい問題です。せっかく仲よくなりかけた班の仲間に父親の自殺のことを話したら、みんなから変な目で見られるのではないかという不安が私にはありました。それに母の言っていた「誰にも言ってはいけない」という言葉も、私の中に強く残っていたのです。［Ｋさん p.25］

高校に入学した年の夏に、初めてあしなが育英会の高校奨学生の「つどい」に参加しました。そこには病気などで親を失った同じ高校生がたくさんいましたが、高校の３年間に、結局は自殺で親を失った学生とは出会うことがありませんでした。しかし、ぼくは１年目の「つどい」で自分史を語るときに、初めて父の死を言葉にしました。それまでは誰にも言えなかったし、絶対に言ってはいけない、そう思いつづけていたのです。
それまでのぼくはすごく強がって、高校でも父親のことを知られるのが怖くて、やはり人に対しての恐怖感もあって積極的に話すのがいやで避けて

いました。［Yさん pp. 86-87］

　世間一般の視線のなかにおいて、「自死遺児」たちは「被害者」としての認知が社会的にも自分自身に対しても極端に低い存在であるということができます。そして先にも述べたように当初「あしなが育英会」のなかにも彼らに対する否定的な視線が存在していました。さらに彼らは多くの場合（他の遺児達と異なり）「もしかしたら自分が（親の）自死の原因になっているのではないのか」という自責の念に強く苛まれているのです。
　その「自死遺児」をピア・サポートの中に受け入れていくために、語れないことを承認する「パスルール」が不可欠だったと考えることができます。

> Ｐさん：パスルールを違う言い方にすると、語れないこと、語れない状況の承認という言い方ができると思います。（中略）話ができるのに話さないっていうのもあるし、言葉にならないっていう状況もあるし、その本人にも色々ありますよね。その日の体調とか気分とか色々なものがあって、それで、話すも話さないも自分で決める。逆につらい部分もありますよね、選ぶっていうことは。でも選択肢が自分にあって選べるっていう、主導権はあなたにあるっていうことはいえる。だから、その語りづらさを認めたり、あなたがパスってすることに対して私たちは「（今あなたは）そういう状況なんだね」っていうところを分かち合う。そのことで、「でも語れないあなたも含めてまるごと（私たちの）輪の中にいるわけだし、認めますよ」っていうメッセージになるわけですよね。［20110615］

　ここで重要なのは、語ることを「パス」するということが、単に「話をしない」ということを意味しているわけではないことです。「語る」ことをパスすることは、たとえ（外からみれば）同じような困難性を抱えた人たちのなかにいたとしても「私は今（は）語ることができない」「語る言葉がみつからない」「（今は）語る勇気が出ない」というメッセージが込められているということで

す。さらにいうならば、それを認めたうえで「物語る」グループあるいは場に参加するということは、「語れない（という語り）」も自分自身のものとして受け止めていくということになるのではないでしょうか。

（3） 沈黙という名のメッセージ

この「語れないこと」の重要性について、自らも自死遺児であるZさんは次のような事を話されています。

これはZさんがある「つどい」で自分史語りのリーダーとシニアリーダー（リーダーのリーダー的立場）とを兼任していた時の体験について話していた時に出てきたエピソードです。ある「つどい」の際、Zさんが一緒にリーダーをしていた大学奨学生が「自分はこれ以上班員たちの前で話せないから（自分が）『つどい』から帰る」と言いだしたといいます。彼を前に、自分史語りのリーダー2人とシニアリーダーが集まりました（Zさんを含む）。

> Zさん：彼（帰ると言い出したリーダー）が長い時間ずっと黙っている。（その間彼とZさん達は）沈黙をひたすら共有している。何時間だったんだろうあれは？　で、（長時間の沈黙を）共有した最後のあかつきに、彼がボソボソとしゃべりはじめたんです。その時に（彼が）しゃべった内容が、彼の喪失体験は死別っていうのももちろんあったけれど、障がいを持っている家族のことでもすごい葛藤を抱えていて、自分がその家族に対して許せなくて、「死んで欲しい」って思うような気持ちがあるっていう内容だったんです。（彼は）「そんなね、身内に向かって死んで欲しいと思ってしまうような自分が（「つどい」の）リーダーなんかできないよ」って思っていた。でも私は、「私（Zさん自身）もお母さんに死んで欲しいって思って、最後なくしたんよ」って話をしたんですね。まさしくもうホントに分かち合いをガッツリやって、その末に彼が「じゃあリーダーをやる」って決断をしてくれたんです。論理的にどうだったかっていうのはわからないです

けど、やっぱり彼のなかにずうっと抱えていたものを仲間のなかで共有をしたっていうところから、彼がやっぱり少し楽、楽っていうか、承認されたような、「自分の感じている感じ方をそのまま承認されたのかな」って感じているような印象は受けましたよね。

　あたしもそのつもりで（彼と）すごく向き合ったし、彼が感じている葛藤、なんて言うんだろう、「遺児（としての自分）に向き合えない葛藤」イコール「自分のありのままを許せない」っていうべきかな……。でも私はすごくそのことにこだわったんです。私も「（自分の家族を）殺したい」って思ったことがあるけど、そう思ってしまう理由っていうのは、何だろう？「殺したい」と思っても、実際に（家族が）お母さんに暴力をふるうとか、そういうことは許せない。だから、それはホントに何かを守ろうとするからそこまで思ってしまうわけであって、ホントは「家族に死んで欲しくない」って思っているってことなんじゃないか。このことも彼から徐々に引き出していって分かったことで、「ホントはどうなの？」って「別に死んで欲しいってホントに思っているわけじゃないでしょ」って話をしたんです。でも苦しくなるのはあたりまえだっていうこと、あなたがそこまで思ってしまうのは自然なんだってことも、彼との間では共有しました。［20120312］

　この出来事においては、帰りたいと言い出したリーダーが「ボソボソと」話しだすことで、彼が持っている家族への許せない気持ち、ひいては自分自身に対する許せない気持ちが、Ｚさんたちによって受容され共有されています。その際ポイントになっていると思われるのが、彼が話しだす前の沈黙の時間です。Ｚさんによれば、その時間は「壮絶」な長さだったといいます。

　　Ｚさん：だって、なにも言わないし。でも「じゃあね」って置いていくわけにもいかない。私たちは彼がいなきゃ研修する意味なんかないわけだから。この彼の苦しみにとにかく黙ってこの場を共有しようって、ずーっと

第 4 章　葛藤を承認すること、沈黙を共有すること　　117

いたんですよ、(彼の)隣に。[20120312]

　ここで語られていることがわれわれに示してくれるのは、"必ずしも「語ること」のみがセルフヘルプ・グループあるいはピア・サポートを成立させているわけではない"という事実ではないでしょうか。
　「語らない」ということは「語ることのできない葛藤」を抱えているのかもしれない。しかし、その葛藤を承認すること(それはもしかすると非常に長く感じられる時間かもしれないが)、沈黙の共有それ自体が、セルフヘルプ・グループあるいはピア・サポートの実践のなかでは重要であるということがこの事例で示されているのではないかと思うのです。

> Zさん：「沈黙」っていう名のメッセージ、みたいな感じなんですよ。「沈黙」を(声として)聴くっていうことだし、「パス」をメッセージとして受け取るってこと。(話さないからといって)その人に何もないわけではない。そういうものを受け取るって事が、あの場ではすごく大事だと思う。「あっ、なかったのね」「あっ、しゃべんないのね」っていう話じゃない。しゃべらないんだって事の意味とか重さは(黙っている)その人にしか分からないかもしれないけれど、「あっ、今しゃべらないんだ」っていうことの重さは、(聞いている側も)ちゃんと受け取って、その場をつくるってこと。ゼロじゃないんですよね、パスとかしゃべらないって事は、決して。(中略)パスもしゃべらないのも表現なんだって事ですね。[20120312]

おわりに

　さてここまでみてくると、この章の第 2 節で分析を行った手記集のなかの「語り」の見え方がずいぶん違ってきます。
　最初は、それらの「語り」は、単に「共同体の物語」を表しているだけであり、そしてそれは単線的で非可逆的なもののようにみえていたかもしれません。

しかし、実際にはそれらの「語り」は、「つどい」などのさまざまな場において、いわば「行ったり来たり」を繰り返し、時には沈黙を共有し、語り手と聞き手の間で「語れない」ことをも承認するなかで生まれてきたものなのです。このことは、セルフヘルプ・グループを単に「共同体の物語」を共有する実践としてとらえたのでは見落とされてしまいがちなことです。

　そして、これらのことを踏まえたうえで、あしなが育英会を改めて「物語の共同体」としてみるとき、いわば完成品のような「共同体の物語」をもってメンバーに影響を与えていく場であるという見方は、現実とそぐわないものになってきます。[17]

　仮にセルフヘルプ・グループに「共同体の物語」と思えるものがあったとしても、それは必ずしも明確なプロットを持ったストーリーのようなものではないかもしれないし、またそうである必要もないのではないでしょうか。あしなが育英会の場合、自死遺児たちが「つどい」あるいは「自死遺児ミーティング」のなかで互いに影響を与え合いながら自己物語を語っていくための「つながり」あるいは「プロセス」こそが「物語の共同体」としての機能といえる部分であったのかもしれません。

　もちろん、参加者が語る物語が、うまく変容して、何らかの好ましい物語が目に見える形で産み出されるようなセルフヘルプ・グループの集会やピア・サポートの場もありうるし、あってもよいと思います。それによって救われる人もいるでしょう。

　しかし、ずっと黙ったまま長い時間が過ぎる「場」もあってよいのではないでしょうか。もちろん、毎回黙ったままで終わってしまったら、それは問題かもしれません。参加者は多かれ少なかれ自分と異なっていると同時に自分に影響を与えるような「他者」を必要としてその場にきているのであり、そうした「他者」との言語的なコミュニケーションを通して初めて自己物語も形成されていくのですから（そうでなければ、極端な話をすると壁に向かって話しかけていてもよいことになってしまいます）。

しかし、それぞれの「場」を個人の物語に関して何かがおこるかもしれないプロセスの一部分としてみれば、そのすべてにおいて「変わった」という成果が実感されなければいけないわけではなく、むしろ「変わるかもしれないし、変わらないかもしれない」という曖昧さを認めることも重要だと思うのです。

　最後にもう1度この章の冒頭で述べた問題意識に戻ってみましょう。私たちが、セルフヘルプ・グループに関して「共同体の物語」を発見するとき、あるいはそれを知っていると思うとき、ついついそれを「目標」のようにして、参加者は誰でもそれを語れるようになることを目指すべきだ、あるいは、早くそうなってほしい、というふうに考えがちです。しかし、そうなってしまうと、葛藤や沈黙それ自体が何か望ましくないことであるかのように感じられてしまう、という弊害も出てきます。したがって、「共同体の物語」を語れるようになることがセルヘルプ・グループの「目標」なのだ、ととらえられるべきではないと思います。

　このように書いてしまうと、「それならばセルフヘルプ・グループに参加する意味などあるのか」という疑問が出てくるかもしれません。しかし、それぞれの参加者が行きつ戻りつしながら前に進む、あるいは螺旋のように上に上がっていくようなプロセスをたどるチャンスがあるならば、そこに参加するだけの「意味」は確かにあると考えられるのではないでしょうか。

　そしてそのような場・過程が生を支えてくれるのは、必ずしも「共同体の物語」を語れるようになることのみによってではありません。葛藤を承認すること、沈黙を共有すること、これらのことにもよっているのです。

注
1）　この章では「自殺」と「自死」という言葉を併用していますが、「自死遺児」に関しては「自死」という言葉を用いることにします。「自殺」という言葉への違和感から「自死」という言葉が用いられるようになったのですが、これが単なる言葉狩りのような状態にならないように注意する必要もあると考えられます。
2）　「平成23年の自殺の状況について」（内閣府自殺対策推進室）によれば、平成23

年の自殺者数は3万584人です（暫定値）。平成10年から14年連続で3万人を越えています。この数値は、毎日約80人の人が自死によって亡くなっていることを示しています。なお、この報告書は内閣府のホームページから PDF のかたちでダウンロード可能です（2012年12月21日取得、http://www8.cao.go.jp/jisatsutaisaku/suisin/k_15/pdf/s2.pdf）。

3） ここでの数値は、清水（2012：81-89）を参考にしています。
4） 副田義也は交通遺児育英会およびあしなが育英会を通じてさまざまな調査、それにもとづく報告を行っています。副田によるあしなが育英会に関する代表的な著書としては、副田（2003）があります。
5） 「つどい」の内容に関しては、時期によって少しずつ変化している部分もあると思われます。たとえば時岡（2007：104）にある「face to face」という時間は、私が「交通遺児」として参加していた時代は無かったと記憶しています。今回はふれませんでしたが、この「face to face」の時間の重要性は、後で述べる Z さんのインタビューでも言及されていました。
6） アルフレッド・カッツは、セルフヘルプ・グループにおいては通常他の人には言わないような個人的な経験が話されることがあるが、それに対しては、決して外部にはもらさないという紳士協定がしばしばあり、「受容的で非審判的な、寛容な態度をもってサポートし続けること」が、多くのセルフヘルプ・グループにおける特徴になっていると指摘しています（Katz 1993=1997）。ここで述べられている3つのルールのうち、①はカッツのいう「紳士協定」に、③は受容的な態度に対応します。このようにみると、自分史語りの時間は、多くのセルフヘルプ・グループがもつとされるものと共通の特徴があるといえます。
7） 『自殺って言えなかった。』の手記のなかには、実名で書いている自死遺児、そうでない遺児と両方の書き手がいます。公刊されている本ではありますが、出版されてから時間がたっていることもあるので、文中ではすべてアルファベット表記にしたいと思います。
8） あしなが育英会のひとつの大きな特徴は、マスコミを巻き込みながら運動を展開していく点にあります。このことは、交通遺児育英会を立ち上げていく際に、ワイドショーのなかで遺児である子どもに亡くなった父親への作文を読ませたり、募金活動の際にタレントを動員したりしている点にすでにあらわれているといえるでしょう。この点に関しては、副田の考察を参照してください（副田 2003）。

　このような運動の展開の仕方にはさまざまな評価の可能性があるでしょうが、旧来のいわゆる「住民運動」からこぼれ落ちていってしまうような人々が、さまざまな社会的資源を獲得しつつその存在自体を主張するところからはじめる運動

第4章　葛藤を承認すること、沈黙を共有すること　*121*

である、という点では一定の評価がされうると私は考えます。一方、時に政治性をともなうその活動に対する批判があるのも否めません。

9）　[　]内は、『自殺って言えなかった。』の手記集部分でのページ数をさします。今後［＊さん p. ＊＊］［＊さん pp. ＊＊-＊＊］で表記する場合は、同書のページ数をさすものとみてください。

10）　「あしなが育英会」の奨学生は、つどいに参加することを、強制ではありませんがほぼ義務づけられています。高校生のつどい、大学（専門学校）生のつどいがそれぞれ行われ、大学生としてつどいを経験したものの多くは、高校生のつどいでのリーダーを務めます。従って、この手記を書いた学生の全員が上記の全てのつどいを経験しているのは必然的であると言うこともできるでしょう。

　このことに関しては、注意してほしい点があります。本文中でも述べましたが、奨学生は必ずしも全員が最初から積極的につどいに参加しているとは言えず、最後まで否定的な見方を持ち続ける奨学生もいるはずです。このことに手記を書いた奨学生（当時）が無自覚であったとは言えませんし、つどいに参加した全ての奨学生がこのような「エピファニー」を経験するとみることもできません。この点に関しては時岡（2006a, 2006b）の中でも言及されており、水津のその後のインタビュー調査の中でも確認されています。

11）　個人と社会（共同体）をめぐる関係に関するこのような危惧は、たとえば奥村（2002）のなかに端的に示されています。

12）　フランク自身は「回復の物語」を、パーソンズの「病人役割」の概念と関連させるかたちで批判的に論じています。詳しくは Frank（1995=2002：114-123）を参照してください。

13）　また、だからこそ死別による喪失体験の最中にいる人に「いつもまでも悲しんでいては……」や「お疲れさま、そろそろ元気を出さないと」などという言葉を安易に周りがかけることは、しばしば相手を深く傷つけることになりかねません。この点については水津（2001）の第4節以降を参照してみてください。

14）　Pさんに対しては、彼が「あしなが育英会」に勤めていた時期に、2010年6月23日と2011年6月15日の2回にわたり、それぞれ2時間ほどのインタビュー調査を行いました。VさんとZさんは、いずれも「あしなが育英会」のOGです。今海外で生活をされているVさんに対しては2010年に数回にわたりメールによる調査を行い、2010年末には実際にお目にかかっています。Zさんには2011年12月28日・2012年3月7日と2012年9月3日の3回、それぞれ2時間にわたるインタビュー調査に応じて頂きました。なお、Zさんは母親を自死で亡くしておられます。

15）　これ以降のインタビューデータ末尾に付与する［　］はインタビューの西暦・

月・日付を表します。
16) Vさんには2012年末に一度直接お会いして話をうかがっていますが、海外で活動をされている方であるため、ここでのデータはメールでの半構造化インタビューのかたちで得られたものです。
17) 死別体験の個別性を尊重することを強く説いたトーマス・アティッグは次のように述べています。「世界を学びなおす営み……悲しむ営み……は、たえまない変化、あらゆるものにともなう不確実さ、有限さと避けられない闘いのくりかえしを含む、終わりなきプロセスなのだ」（Attig 1996=1998: 141）。

5 「聴く」ことと「つなぐ」こと
――犯罪被害者に対する総合的支援の展開事例――

はじめに

おおよそ2000年頃まで、犯罪被害者（以下、「被害者」には原則的に家族・遺族を含みます）に対する社会的支援は長らく欠如した状態が続き、被害者は刑事司法制度からも社会からも「忘れられた存在」でした。

1974年に起きた三菱重工ビル爆破事件をきっかけに、1980年、「犯罪被害者等給付金支給法（犯給法）」が成立しましたが、犯罪被害者支援の本格化には至りませんでした。

しかし、「忘れられた存在」としての犯罪被害者は、とりわけ2000年以降、法制度を中心とした支援体制が徐々に整備され、その立場は法制度的には以前よりも明確に位置づけられるようになっています。

コラム11 犯罪被害者に関する近年の法制度的な変化

ここでは2000年以降の法制度的な側面での変化を見ていきましょう。まず2000年には、「ストーカー行為等の規制等に関する法律（ストーカー規制法）」、「児童虐待の防止等に関する法律（児童虐待防止法）」、犯罪被害者保護二法（「刑事訴訟法及び検察審査会法の一部を改正する法律（刑訴法等改正法）」、「犯罪

被害者等の保護を図るための刑事手続に付随する措置に関する法律（犯罪被害者保護法）」が成立し、2001年には、「配偶者からの暴力の防止及び被害者保護に関する法律（ドメスティック・バイオレンス防止法）」が成立しました。

同じく2001年には、「犯罪被害者等給付金支給法」（1980年）が改正され（「犯罪被害者等給付金支給法の一部を改正する法律」）、「犯罪被害者等給付金の支給等に関する法律」として公布されています。その主な改正点は、犯罪被害給付制度の拡充（遺族給付金・障害給付金の給付金額引き上げ、障害給付金の支給範囲拡大、重傷病給付金の創設）、給付金支給以外の被害者への支援に関する規定（警察による援助、民間被害者援助団体の活動の促進）となっています。

そして、2004年成立の「犯罪被害者等基本法」は、被害者の権利を明文化した上で、被害者支援の基本理念を定め、被害者支援を国・地方公共団体・国民の責務と位置づけました。「犯罪被害者等基本法」にもとづき、翌2005年には、「犯罪被害者等基本計画」が閣議決定されました。

さらに、2007年成立の「犯罪被害者等の権利利益の保護を図るための刑事訴訟法等の一部を改正する法律（被害者刑訴法）」によって、被害者参加制度、損害賠償命令などが制度化されることとなりました。

なお、「犯罪被害者等給付金の支給等に関する法律」（2001年）は、2008年の「犯罪被害者等給付金の支給等に関する法律の一部を改正する法律」によって改正され、「犯罪被害者等給付金の支給等による犯罪被害者等の支援に関する法律」となりました。

2011年には、「第2次犯罪被害者等基本計画」が閣議決定されています。

しかしながら、被疑者・被告人への支援に比べて、被害者への支援はスタートを切ったばかりです。被疑者・被告人の権利が手厚く擁護されているのに比べて、被害者の権利はまだまだ不十分で、被疑者・被告人と被害者は、同じ土俵にさえ上っていないのです。被害者に対する支援、被害者の権利の拡充・擁護は喫緊の課題です。[1]

その上で、被害者支援に関して現在までに行われている議論は、法制度という「箱」の整備に関するものであって、被害者の回復に必要な「（箱の）中身」

司法・経済

現状は、この領域に偏っている！

箱 ─────────── 中身

司法・経済以外

図5-1 被害者支援の4つの領域

の充填にまでは至っていないという問題点を内包したままになっています（佐藤 2010）。たとえば、犯罪被害者が刑事裁判に参加する被害者参加制度（2008年12月に導入）をとってみても、ただ裁判への参加が担保されたというだけでは不十分であり、事件直後から支援者がつき、十分な情報も提供された上で不安なく参加できるといった「中身」が必要です。

また、支援の領域に関しても、これまでのところ、刑事司法的な側面、および、給付金等の経済的側面といった領域に関心が集中していますが、実際には、被害者の回復[2]――被害を忘れるということではなく、悲しみや苦しみを抱えつつも日々の生活を再建していけること――に向けて、たとえば、それを支える福祉的な理念や制度・サービスの整備が必要です。けれども、現状では、そうした領域に関する十分な議論が行われているとは言えません。

つまり、現状で進められつつある被害者支援は、「箱／中身」、「司法・経済／司法・経済以外」という2本の軸をクロスしてできる4つのタイプのうち、「箱＋司法・経済」タイプの整備に比重が偏っています。被害者の回復のためには、「箱＋司法・経済」タイプ以外に、どのような社会的支援を整備していくことが必要なのかを詳細に分析することが、今、強く求められているのです。

「中身」の整備の必要性については、制度や施策の議論からだけではなかなかその内実は見えてきません。また上記のような制度や施策の変更によって

「中身」自体が変化しつつあるものであるとするならば、それはむしろ現場での支援実践からこそ学ぶべきことではないでしょうか。

そのような視点を欠落させ、制度的支援による「解決」に議論を特化すると、苦しみを「今ここ」で生きる人々の困難経験やその支援ニーズが置き去りになり、制度的支援のみでは支援が行き届かない被害者の苦しみが等閑視されることにもなりかねないのです。現場の支援実践から離れないことによって、実際に制度やしくみの中で生活する被害者の苦しみの経験、支援ニーズ、そして回復過程のリアリティに接近することが初めて可能になるのです。

これは、制度的支援が重要ではないと言っているわけではありません。制度や施策の意義をふまえた上で、しかし、制度的支援による「解決」のみで被害者の回復が達成されるととらえる傾向のある、われわれの「常識」的な議論の一面性を問い直す必要があるということを述べているのです。

本章の試みは、そうした問い直しの一環であり、現場における支援実践、とりわけ被害者に対する民間支援に注目した上で、被害者の回復に必要とされる「中身」の例として、「聴く」ことと「つなぐ」ことに注目したいと思います。具体的には、犯罪被害者の回復に向けて支援活動を行う、公益社団法人・被害者支援都民センター（東京都新宿区、以下では都民センターと略記）の取り組みを取り上げ、「聴く」ことと「つなぐ」ことを中心に分析します。

本章は、都民センターでの聞き取り調査にもとづき、犯罪被害者支援の事例研究を行い、被害者の回復に向けた支援について、とりわけ「聴く」こと、および、「つなぐ」ことに焦点を合わせながら、相互行為レベルで社会学的考察を行うことを目的とします。

都民センターは、東京医科歯科大学難治疾患研究所内の犯罪被害者相談室（1992年3月開設）が行ってきた活動を引き継ぎ、2000年4月1日、社団法人・被害者支援都民センターとして東京都港区に設立され、同年4月3日より業務を開始しました。2001年7月に事務所を東京都新宿区に移転し、現在に至ります。

第5章 「聴く」ことと「つなぐ」こと

　2002年5月24日には、東京都公安委員会から「犯罪被害者等早期援助団体」[3]の指定を全国で初めて受け、また、同年11月28日には、東京都知事から「特定公益増進法人」に認定されました。さらに、2010年8月27日、東京都知事から「公益社団法人」の認定を受けて、同年9月1日、公益社団法人・被害者支援都民センターとなりました。

　2010年度の相談受理状況は合計5055件、2011年度は5317件で、相談手段としては、両年度とも、1番多いのが電話、2番目がホームページによる相談、3番目が面接、4番目が直接的支援、5番目が手紙・FAXです。また、被害内容は、両年度とも、1番多いのが性的被害、2番目が交通被害、3番目が殺人となっています。

　都民センターの被害者支援活動は、①電話相談・面接相談、②直接的支援（自宅訪問、病院・警察署・検察庁・裁判所への付き添い、刑事手続き等司法関係の情報提供、弁護士や病院等の紹介）、③セルフヘルプ・グループ活動のサポートを3つの柱としています。

　このうち①は、東京都公安委員会の認定を受けた「犯罪被害相談員」等が行い、②は、東京都公安委員会の認定を受けた「犯罪被害相談員」や「犯罪被害者直接支援員」等が被害者のニーズに応じて行っています。これらの相談員・支援員は、被害経験者に限定されず、研修を受けた一般市民も多く含まれます。なお、どのような者が相談員・支援員になれるのか（あるいは、なるべきなのか）については第3節で詳しく述べます。

　これら3つの柱からも分かるように、都民センターの支援は、司法的側面・経済的側面以外の領域にも及び、かつ、法制度レベルの「箱」に、「中身」を充填する取り組みとなっています。上述の通り、本章では、「聴く」ことと「つなぐ」ことを、「中身」としての重要な支援実践と見なし、検討を加えていきます。

　そうした支援実践を行う主体の側面を見ると、都民センターの場合、非被害者が支援を行うケース（a）と、被害者が支援を行うケース、つまり被害者同

表 5-1　被害者支援の諸類型

	a 非被害者による支援	b 被害者同士でのピア・サポート
① 電話相談・面接相談	a-①	b-①（聴く）
② 直接的支援（自宅訪問、付き添い、情報提供、等々）	a-②	b-②
③ セルフヘルプ・グループ活動	—	b-③（聴く）

士のピア・サポートであるケース（b）の双方を含みます。

　したがって、①をaが行うa-①、そしてa-②、また、①をbが行うb-①、そしてb-②、b-③という5つのタイプが存在することとなります。[4]

　以下の第1節では、ピア・サポートにおける「聴く」ことに注目します。上記①の電話相談・面接相談のうち、来談した被害者の声を被害者が「聴く」ケース（b-①）は、被害者同士のピア・サポートにおける「聴く」ことと考えられます。

　また、上記③のセルフヘルプ・グループ活動も、被害者同士が、語り合い・聴き合いを行う活動ですので、ピア・サポートにおける「聴く」ことを含むケースです（b-③）。

　第1節においては、b-①、b-③を取り上げ、ピア・サポートにおける「聴く」ことの意義について考察を展開します。

　そして第2節では、「聴く」ことを重要な支援としつつ、「聴く」ことだけでは被害者支援として不足があり、b-②の直接的支援や、さらには被害者を他機関に「つなぐ」という支援が行われている点に関して、理解を深めていきます。

　さらに第3節では、ピアではない、非被害者である一般市民を、被害者支援に「巻き込む」ことによって、相談員というアドボケイト（コラム12参照）を生み出していく過程、そして、アドボケイトがa-①、a-②を行うことを通して、被害者支援が一定の社会的広がりを持つに至る過程を、議論の俎上に載せたいと思います。

最後の「おわりに」では、本章の議論をまとめ、暫定的小括を行います。

コラム 12　アドボケイト

　アドボケイトとは、アドボカシーを行う人の意です。アドボカシーとは、保健分野では「唱道」、福祉分野では「権利擁護、代弁」、NGO（非政府組織）では「政策提言」等、分野ごとに多義的な使われ方をする用語ですが、ここでは、福祉分野におけるアドボカシー概念の用いられ方を参照してみると、たとえば北野誠一による次のような定義の例があります。すなわち、アドボカシーとは、「①侵害されている、あるいは諦めさせられている本人（仲間）の権利がどのようなものであるかを明確にすることを支援するとともに、②その明確にされた権利の救済や権利の形成・獲得を支援し、③それらの権利にまつわる問題を自ら解決する力や、解決に必要なさまざまな支援を活用する力を高めることを支援する、方法や手続にもとづく活動の総体」（北野 2000：143）です。

　この定義を参考にした上で、とりわけ権利擁護としてアドボカシーをとらえた場合の「権利」を、犯罪被害者支援の分野で考えるなら、全国被害者支援ネットワークの「犯罪被害者の権利宣言」（1999年）で打ち出されている7つの権利が挙げられます。1）公正な処遇を受ける権利、2）情報を提供される権利、3）被害回復の権利、4）意見を述べる権利、5）支援を受ける権利、6）再被害からまもられる権利、7）平穏かつ安全に生活する権利です。

　なお、被害者の権利が法的に明文化されたのは、コラム11でも触れた通り、「犯罪被害者等基本法」（2004年）においてです。

1　「聴く」こと

　犯罪被害者が「忘れられた存在」であり続けてきたということは、被害者がその声を「聴かれない存在」であり続けてきたということでもあります。J. L.

ハーマンの言葉を借りるなら、「被害者の声は聴かれず、とだえがちとなる」のです（Herman 1992=1999: 5）。

被害者を「聴かれない存在」にする、社会的反応は、次の［1］〜［3］の3つに大別することができます。

［1］被害者を「聴かれない存在」にする社会的反応の第一は、加害者側の反応です。加害者側はしばしば、被害者に「落ち度」を「発見」して被害者を非難し、事件の責任を被害者に帰属させて、責任回避を図ります（佐藤 2001）。そうした加害者側の反応が、被害者の声を封殺するのです。被害者本人が亡くなった場合は、なおさら被害者側の声は封殺されます。被害者遺族A氏の手記には、その点について、次のように記されています。

> A氏：（被告人の態度は）裁判の時もそうだ。頭も下げず。自分の正当性ばかり、小声で主張し、さもP（＝交通事件で殺された、A氏の娘さん［原文では実名］）のハンドル操作に問題があったと言わんばかり（被害者支援都民センター 2007b：1、引用文中の丸カッコ内は引用者、以下同）。

［2］被害者を「聴かれない存在」にする社会的反応の第二は、［加害者─被害者］を取り巻く周囲の他者から被害者にもたらされる二次被害です。ここで言う周囲の他者とは、捜査関係者、メディア、司法関係者（検事、弁護士、裁判官等）、友人・知人、近隣住民、職場の同僚等を広く含みます。ここでもやはり、被害者に「落ち度」が「発見」されて被害者が非難されますが、それは、加害者側による責任回避とはやや異なり、「被害に遭うのは落ち度があったからだ」という固定観念が社会的に共有されているためです。

いずれにしても、加害者側、そして周囲の他者による被害者への非難は、事件による一次被害を受けた犠牲者である被害者が、さらに二次被害としての社会的非難をも受けるという、「犠牲者非難」現象です。

ただし、周囲の他者からの二次被害は、犠牲者非難だけではありません。「頑張れ」、「元気になれ」といった、一見、被害者の回復につながりそうに見

える声が、実は、悲しみ・苦しみを早く忘れ、そこにとどまっていてはならないという規範的期待となり、被害者を追い込む、被害「克服」の煽りとなるのです。交通事件で2人の子どもさんを亡くした被害者遺族B氏は、手記に書いています。[5]

> B氏：周りの人が、良かれと思って言った何気ない言葉が、心に突き刺さり、それによって更に苦しめられています。「頑張って！」私は、毎日必死に頑張って、子供達がいないこの家の中で、歯をくいしばって日々の生活を送っているのです。あなたは、私がどれほど頑張って生きているのか、わからないのですか？ もうこれ以上頑張れと言われても、私にはできません（被害者支援都民センター 2007b：20）。

被害とは喪失体験として把握することができますが（佐藤 2001）、身近な家族を事件によって亡くすという喪失体験を経験した遺族の場合であれば、その喪失体験自体を「消失」させたり「除去」したりすることによって、事件以前の状態を復元するという被害「克服」はありえないのです。

けれども、「頑張れ」、「元気になれ」という声は、「克服」への規範的期待となり、被害者を「克服」の物語へ呼び込むことになるのです。「克服」の物語の中では、悲しみ・苦しみにとどまる被害者の声は封殺されてしまいます。

被害者が呼び込まれる物語としては、「克服」の物語の他にもうひとつ、悲嘆の物語があります。「克服」の物語に呼び込まれた被害者が、頑張って元気そうにふるまっていると、今度は、「あなたは強い、私なら気が狂っている」と言われたり、「あなたは被害者なのだからおめでたい席に出るものではない」と言われたりすることで、悲嘆にとどまっていなければならないという規範的期待を受けるのです。上述のB氏は、次のようにも書いています。

> B氏：「私が同じ目に遭ったら、とても平然と生きてはいられないのに、あなたはすごいわ。」子供を殺された親は、自殺をしなければいけないの

ですか？　生き残った親が、前向きに生きようと努力をしてはいけないのですか？　あなたには、子供を２人も殺された私が、平然とした顔をして、元気に暮らしているように見えるのですか？　私は、あなたが思っているほど、強い人間ではありません（被害者支援都民センター 2007b：21）。

　これが、悲嘆の物語への呼び込みです。この悲嘆の物語の中では、悲しみ・苦しみにとどまらない被害者の声が封殺されてしまうのです。

　こうして被害者は、「聴く」他者の不在という状況のもとで、「頑張れ（＝悲嘆にとどまる声の封殺）」という「克服」の物語と、「頑張るな（＝悲嘆にとどまらない声の封殺）」という悲嘆の物語と、相矛盾する規範的期待のアンビバレンス[6]にさらされつつ、特定の物語に呼び込まれ、それが定着していくこととなるのです。

　［３］被害者を「聴かれない存在」にする社会的反応の第三は、［加害者—被害者—周囲の他者］を取り巻く、非被害者である一般市民の傍観です。非被害者の多くは、「被害者はひとりにしてほしいと思っている」と考え、被害者からの社会的距離化を図ることで「プライバシー等への配慮」を行うことが被害者に必要な支援だと思っていますが、被害者の立場から見ると、支援ニーズは逆なのです。

　このことを示す２つの調査データをご紹介しましょう。第一のデータとして、2006年度「犯罪被害者等に関する国民意識調査」（内閣府犯罪被害者等施策推進室）によれば[7]、まず、国民一般（非被害者）が想像するほどには被害者は支援を受けられておらず、どのような支援も受けられなかった被害者も少なからず存在することが明らかになりました。「被害者は何らかの支援を受けているはずだ」という固定観念が国民一般にはあり、それが、「忘れられた存在」としての被害者の立場と関係しているのです。

　また、被害者の意識面について、被害者と国民一般とのギャップが最も顕著であったのは、「ひとりにしてほしいと思う」という心境に被害者が当てはま

るかどうかです。被害者は「ひとりにしてほしくない」と感じているのに対して、国民一般は「被害者はひとりにしてほしいと思っている」と考えています。国民一般は、被害者を1人にせず、被害者に寄り添い、その声を「聴く」ことが支援として必要だとは考えていない場合が多いのです。

　さらに、国民一般は、被害直後は「プライバシー等への配慮」(55.1%)、半年程度経過後は「日常的な話し相手」(46.6%) が必要と考える人が最も多いのに対して、被害者は、被害直後・半年程度経過後、いずれの段階でも、「事件についての相談相手」を求める人が最も多いという結果が出ています(「事件についての相談相手」が被害直後に必要と回答した被害者は39.8%、半年程度経過後に必要と回答した被害者は25.4%)。

　第二のデータとして、上記「犯罪被害者等に関する国民意識調査」が2008年度にも実施されましたが[8]、被害直後の被害者に必要な支援について、国民一般は、「プライバシー等への配慮」(59.2%) を挙げる人が最も多いのに対して、被害者は、「プライバシー等への配慮」(21.0%) 以上に、「事件についての相談相手」(32.2%) を挙げており、2006年度調査データと同様の結果となっています[9]。

　以上の調査データは、一般市民が「プライバシー等への配慮」のもとに傍観することによって、被害者から社会的距離化を図り、被害者を「聴かれない存在」にしていることを端的に表しています。

　本章では、犠牲者非難、「克服」の物語への呼び込み、悲嘆の物語への呼び込み、そして一般市民の傍観を合わせて、被害者が受ける二次被害と考えます。これらの二次被害はどれも、被害者自身の声を「聴く」ことなく封殺するという点で、共通性を有します。

　こうして、[加害者―被害者―周囲の他者――一般市民] という四層構造において[10]、被害者の「聴かれない存在」としての立場が強化されていきます。そして、「聴かれない存在」であることは、しばしば被害者に大きな苦しみをもたらします。被害者遺族C氏の手記には、その点について、「だれにも言えない

苦しさ」と記されています。

> C氏：2年間、見た目には普通の生活をしている様に見えても、事件のことでは孤立してだれにも言えない苦しさにますます「心の傷」は深まっていました（被害者支援都民センター 2008：27）。

　では、被害者は、周囲の他者や一般市民から二次被害を受ける状況で、家族内でなら「聴かれる存在」になりえるのかというと、実は必ずしもそうとばかりは言えないのです。被害者家族の間では「支え合い」が行われているはずだという思い込みが一般にありますが、現実には、被害者家族のメンバー同士は、しばしば、被害の受け止め方、悲しみ方、立ち直り方等の違いをめぐり、せめぎ合いのトラブルを抱えます（佐藤 2004）。被害者家族は、相互の声を「聴く」余裕を持ちえないことが少なくないのです。

　こうした「聴かれない」状況において、被害者は、次の手記に記されているように、「同じ傷を持つ」被害者同士のピア・サポートにおける語り合い・聴き合いの取り組みを行い、苦しみを「安心して吐き出せる」経験を積むことで、「聴かれる存在」への転身を図ってきています[11]。都民センターでは、被害者同士のセルフヘルプ・グループが定期的に開かれています。

> C氏：事件から2年後やっと被害者支援都民センターとめぐり合い、自助グループに参加することで、センターのスタッフや心に同じ傷を持つ遺族の仲間と出会い、2度と取り戻す事のできない苦しさ辛さ悔しさを安心して吐き出せる、そんな場所があることを知り「心の傷」が少しずつ小さくなってきた事を感じています（被害者支援都民センター 2008：27）。

　以下では、ご自身も被害者遺族である都民センター元事務局長X氏が、被害者について、そして、被害者同士のピア・サポートについて述べている語りと文章を5つ（【1】～【5】）、ご紹介します。

第 5 章 「聴く」ことと「つなぐ」こと

【1】

X 氏：（被害者は）すごく孤立していますし、社会からの疎外感も感じていますし、自分自身がこの世に生きている価値もないと思ってしまいます。また、自責の念や、何も責任を感じる必要がないのに、あのとき、ああしていればよかった、こうしていればよかったというように、なくなったものが取り返しのつかない程大き過ぎるので、やっぱり自分を責めるしかなくなってしまうんです。

　そういうような感情をいつも抱えながら生きているので、仲間とであれば、その重荷を一緒に背負ってもらえる人だと直感的に思えるので、すごく楽になれるんだと思います。

　重荷というか、人生の苦しみを一緒に担って、共に歩けるような人や、辛いときには、遠慮することなく、本当のことを伝えることができる人との出会いが大切です。

　被害者同士では、深い心情を伝えることはできますが、そうでない人には、やっぱり遠慮しなければいけないというふうに思うんです。こんな重たい話を聞かせたら、相手の気持ちも重くしてしまうのではないだろうかとか、今頃、またこういうことを言うと、かえって相手から、また二次被害を受けるのではないだろうか。けっこう警戒をしてしまうわけです。そうすると、やっぱり遠慮して何も言えない、元気なふりをしなければいけない。元気なふりをすることにも、けっこう被害者は疲れているんです。ですから、本音で話せる安心できる仲間の存在は大きいです。

　ここから読み取れることとして、まず、ピア・サポートとは、「仲間と」「重荷を」「一緒に担って、共に歩」く活動、すなわち、「仲間と共に重荷を担い合う活動」だということがあります。この場合の重荷とは、孤立感、疎外感、自己否定感、自責の念等の苦しみを指します。[12]

　そして、仲間と共に重荷を担い合うピア・サポートでは、つらい気持ちを遠

慮なく仲間に語れます。被害者の物語は、聴き手としてのピアを得てはじめて語られうるわけです。これは、遠慮や警戒感なく繰り返し語ることができることから、ピア同士の間でこそ支援が成立しやすいということを表しています。

　逆に、周囲の他者に対しては、それができないということでもあります。なぜできないかと言えば、相手の気持ちを重くしてしまうことや、相手から二次被害を受けることへの警戒感があるからです。そして、これらへの警戒感から、被害者は元気なふりをするわけですが、元気なふりをすることにも被害者は疲れています。その疲れとは、上で述べた、「克服」の物語に絡め取られた被害者の苦しみと言ってよいでしょう。

　【2】
　　X氏：繰り返し、繰り返し話をすることによって、自分自身の気持ちに気付けるわけです。混乱状態では自分がいま置かれている状況さえ分からないと思います。どうしてこんなに自分でも怒りがコントロールできないのだろうかということも、繰り返し、繰り返し自分の気持ちを話すことによって、その怒りの元となっていることに気付けるということがあると思うんです。考え方が整理できるんです。話をしたり、書くということは。……自助グループの中では、それを毎回毎回繰り返すということで、自分自身のことがよく分かるようになって、これからのことも考えられるようになるのだと思います。

　ここから読み取れることとして、ピア・サポートでは、仲間に対して、遠慮や警戒感なく、繰り返し語れるということがあります。【1】と同様に、ピア同士の間でこそ支援が成立しやすいということがここでも言えます。

　繰り返し語れることは、語り手がピアという聴き手を得て、「語れる存在」、言い換えれば「聴かれる存在」となることを意味しており、そうした被害者は、井上俊の言葉を借りるなら、「経験を組織化し秩序立てる力」（井上 1997：42）としての物語の力を獲得しうることとなります。語ることが聴かれるピア・サ

ポートを通して、自分の考え方、自分の感情、その感情のもととなっていること等、自らの経験が組織化・秩序化されていく（→上記「気づける」、「整理できる」、「よく分かる」）のです。

　A. メルッチの言う、「その場に臨んで聴くということ、痛みとともにあるひとのかたわらにあることの力」（Melucci 1996a=2008: 130）[13]こそが、今日、被害者支援の「中身」（「はじめに」）として必要とされているのです。

　ただし、注意を要するのは、「被害者＝ピア」という等式は必ずしも成り立つとは限らないこと、つまり、確かにピア同士の間でこそ支援が成立しやすいのですが、しかし、「被害者＝ピア」とはただちには言えないということです。

　被害者同士ならば、無条件でピアの関係が成立するというわけではありません。都民センターの場合、セルフヘルプ・グループに適さない人、あるいは不適切な発言をする人等は、グループではなく個別の面接による支援を行う場合もあるそうです。この場合の「適さない」、「不適切」とは、たとえば、他の被害者の語りを批判する発言をしたり、あるいは、他の被害者の被害と自分の被害の程度・原因を比較し、「不幸比べ」のような発言をしたりして、他の被害者に二次被害を与える可能性等が該当すると思われます。

　そして、セルフヘルプ・グループに適していると判断され、グループに参加した場合でも、相互に批判したり比べたりするような発言は行わない旨の原則を、会の最初に確認・共有します。

　よって、被害者同士であれば無条件に「ピアである」というわけではなく、グループに適するかどうかの判断があり、適すると判断された場合でも、原則の確認・共有があって、初めて、相互に「聴く」他者としての「ピアになる」わけです。

【3】
　　X氏：自助グループに出席し、分かり合える仲間の中で安心して話ができることは自分でも気付かないうちに感情が整理できる。……参加者たちは、

他の被害者のつらい気持ちや、周囲の人から受ける二次被害により孤立感を深くしていく過程を聞くことにより「1人ではない。被害者は皆同じ」という気持ちが持てて、安心感から心にゆとりを持つことができるようになる（大久保 2000：201）。

【4】
X氏：ものごとを広くとらえることができるようになると思うんです。自分は被害者なんだから、自分が思っていることはすべての被害者が思っていると考えがちですが、同じ被害者でもこんなにも違うんだということを、他の被害者から聞くことによって、自分の考え方も変化してくる。そういうことが、やっぱりグループのなかで学べる、すごく大事なことだと思います。

　これら【3】、【4】は、ピア・サポートにおいて、「同じ」という同質性の感覚と、「違う」という異質性・個性の感覚の両面が感受されるということを表しています[14]。ピアになった被害者同士では、一次被害・二次被害による「同じ」苦しみを担い合う仲間という意味づけが相互に行われる一方で、互いの「違い」についても学び合う必要があるととらえられています。

　同質性の感覚は、上で紹介したC氏の手記中の、「同じ傷を持つ」ピアに対しては、苦しみを「安心して吐き出せる」という箇所からも分かる通り、被害者にとって、「聴かれる存在」への転身を支えるものです。

　一方、異質性・個性の感覚は、2つの意味を持ちます。第一に、互いの「違い」についての学び合いがないと、批判したり比べたりしないことという、グループにおいて重要な原則の遵守が困難になります。つまり、「違い」の学び合いは、グループの原則を遵守し、「ピアになる」ための基盤となるものです。

　また、第二に、「違い」の学び合いによって、ものの見方・考え方は一様ではなく多様であるということの気づきが相互に得られます。そうした気づきは、被害者が絡め取られている、「克服」の物語や悲嘆の物語といった定着した物

語は、永続的・必然的なものではなく、自己の物語はそれとは別様でもありうるという、定着した物語の相対化の契機になりうるものです。

【5】
X氏：自助グループの中では……自分だけの考えじゃなくて、ほかのメンバーの方からも、いろいろ聴かせてもらって、それを役立てることができるわけです。だから、語るだけでは駄目で、語ると聴くは一対のものだと思うんです。

ここから読み取れることとして、語ることのみならず、ピアの物語を「聴く」こともまた重要であるということがあります。語ることと「聴く」ことが一対の、相補的なものとしてあるという点が、ピア・サポートと、語ることのみのカウンセリングとの違いです。

ピア・サポートにおける「聴く」ことは、G. H. ミードの言う「遅延反応」（Mead 1934=1973）[15]を生じさせます。そして、そこでは内省が活性化され、そうした内省が、「克服」の物語／悲嘆の物語に絡め取られている自己の問題的状況を認識させ、「克服」の物語／悲嘆の物語を語ることを一時停止させます。その上で、そうした物語の固定性に裂け目を生じさせるのです。ここで、裂け目とは、定着した物語からオルターナティブな物語への転換をただちに引き起こすような作用は持たず、自己が絡め取られている定着した物語とは違和的な要素へ焦点をずらし、そうした要素と定着した物語との間に、物語の複数性を[16]設けることで、定着した物語の支配性を一定程度低減させる作用を持つものです（佐藤 2008）。

このように、「聴く」ことがもたらす、内省を活性化させる作用を、T. ボークマンの言う「体験的知識」（Borkman 1976）[17]などの概念によって把握することができるようにも思えます。しかしそれは、そうした概念の字義通りの意味においてではありません。

何が「体験的知識」であるのか、それがセルフヘルプ・グループでどのよう

に蓄積され伝達されるのか、不分明であるという伊藤智樹の指摘（伊藤 2000：93-94）を参考にした上で言うならば、何らかの実体的な知識や言葉を想定し、知識や言葉それ自体に常に聴き手にとっての目新しさがあり、それが内省を活性化させると理解するのは適当ではないでしょう。目新しさの有無とは独立に、ピアによって提供されたある知識や言葉が聴き手の内省を活性化させる作用をもたらす場合、そうした作用を「体験的知識」と言うことができるものと考えられます。

こうして、ピアの物語を「聴く」ことを通して活性化された内省は、定着した物語と違和的な要素へ焦点を移行させ、語り直しの声を促すこととなるのです。

ピア・サポートにおいては、以上のように、繰り返し語ることができるようになることで、自己の経験の組織化・秩序化の力としての物語の力が得られ、また同時に、「聴く」ことを通して、内省が活性化されて、語り直しの声が促されることともなるのです。

2　「つなぐ」こと

事件からの経過年数によって、被害者のニーズも変化していきます。都民センターの2001年調査によれば[18]、被害者は、事件直後には、全般的に多くの種類の支援を必要とし、「精神的ケア」、「事件・司法等の情報提供」、「警察への付添い」、「支援者の紹介」、「検察庁・裁判所付添い」、「家事手伝い」、「マスコミへの対応」、「同じような体験をした人と話し合える場の設定」などが挙げられました。

事件後、1年程度経過すると、「同じような体験をした人と話し合える場の設定」を求める人が増えており、次いで「情報提供」、「精神的ケア」となっています。

事件後、3年経過後・5年経過後は、ともに、「同じような体験をした人と

話し合える場の設定」、「精神的ケア」、「情報提供」という順番となります。

事件後、7年以上経過した人では、「同じような体験をした人と話し合える場の設定」、「情報提供」、「精神的ケア」となっています。

また、都民センターの2006年調査でも[19]、事件直後は、多種多様な支援が必要とされ、「身近な人からの精神的な支え」、「警察へ行くときの付添い」、「弁護士の紹介」、「専門家による精神的ケア」、「加害者に関する情報の提供」、また、裁判所、検察庁、病院等への付添い支援、支援団体の紹介に対する要望も多いという結果でした。

被害から1年後には、「同じような体験をした人達と話し合える場の設定」の割合が最も高く、続いて「加害者に関する情報の提供」、「損害賠償請求に関する支援」となっています。

3年後〜5年後には、「加害者に関する情報の提供」、「同じような体験をした人達と話し合える場の設定」、7年後〜10年以上も、「同じような体験をした人達と話し合える場の設定」、「加害者に関する情報の提供」の割合が高いという結果でした。

2001年・2006年の2回の調査とも、特に事件後初期の段階では、種々の直接的支援（→「はじめに」表5-1の②）が総合的に必要となることを示しています。

したがって、被害からの回復には、セルフヘルプ・グループや「聴く」ことだけが大事なことではなく、セルフヘルプ・グループはあくまで回復のための手段のひとつという位置づけになります。

こうして、被害者の回復のためには、各種の専門的知識・技術・資源の動員が求められますが、そうした知識・技術・資源をピアや、あるいは都民センターというひとつの組織のみが内部に恒常的に抱え込んでいることは困難です。

とりわけ、自らも苦しみを抱えるピアが、そうした知識・技術・資源をすべて持ち合わせ、ピアのみで支援を担いきるということは困難です。

よって、人と専門機関、もしくは人と人、人と支援制度を「つなぐ」ことを行い、シームレスな総合的支援によって被害者の生活を支えることが重要とな

ります。

> X氏：いろんなところの資源とつないだり、人と人をつないだり、ある制度を使ったりする時、支援センターがそのコーディネート役も果たすようなかたちで、被害者の回復のための支援を提供しないと、被害者が元の生活に近づける、あるいは回復をするということは、すごく難しいことだと思うんです。

専門機関・人・制度を「ピンポイント」と呼ぶなら、「つなぐ」ことは、被害者とピンポイントとを媒介するという支援であり、「聴く」こと（→第1節）と並んで、本章が被害者支援の「中身」（→「はじめに」）として理解することです。

ただし、被害者とピンポイントとを「つなぐ」に当たっては、2つの留意点があります。

「つなぐ」際の第一の留意点は、被害者のニーズがあらかじめ確固とした所与として存在し、それをどこに「つなぐ」かを考えればよいというわけではないという点です。被害者は、とりわけ事件直後には、自分に何が起きたのかが分からず、起こった事実を受け入れられないような、喪失体験をそれとして受容することができない状態にあり、当初から、自らの支援ニーズを明確に把握できているわけではないのです（佐藤 2003）。

この場合には、支援者が、1人ひとりの被害者に個別具体的に対応し、声を「聴く」ことを通じて、対自的に潜在化しているニーズを掘り起こしていくこととなります。

こうしたニーズの掘り起こしは、（Ⅰ）その被害者にとっての回復とはどのようなことなのかをめぐる、回復イメージの把握を伴います。

> X氏：たとえば極端なことを言ってしまいますと、もともと隣近所の人と、うまくやれていなかった人が、被害にあったからといって、その人の被害

からの回復のモデルは、地域で住み続けることであったり、あるいは仕事をばりばりすることであったりということではないと思うんです。ですから、その被害者が被害にあう前の生活状況とか、地域社会の中での状況とか、もともと何か心理的な問題があったのか、なかったのかとかいうこと等も、すごく大事になると思うんです。当然、相談員としては、そこまでも見極めて、何回かの面接の中でしっかりと把握して、その人がどこまで回復できればいいかということをイメージしてしっかりとつかんで、それに向けて関係機関と連携をとったり、あるいは支援センターだけでの支援になるかもしれませんが、時機に応じた適切な支援を提供していきます。

　回復イメージが把握されて初めて、何がニーズなのかが見えてくるのです。たとえば、被害に遭う前から、近所づき合いがうまくいっていなかった人が、事件に遭い、被害の回復を図るという時に、元の生活にできる限り近づけることが回復のイメージになると思われますので、近所と良好な関係を築くなどといったことは、少なくとも、その事件の被害からの回復に向けたニーズということにはならないでしょう。しかし、事件以前から良好な近所づき合いをしていた人にとっては、生活をそこに近づけていくことが、回復に向けたニーズということになるものと思われます。

　ニーズの掘り起こしは、また、（Ⅱ）時期によるニーズの変化を見通した上で、場合によっては「引き延ばし」を図ることを伴います。

　　X氏：時には、いくら「被害者のニーズに合わせる」といっても、それは今の段階で被害者はそう思っているかもしれないけど、あと数ヶ月したら、それが後でかえってマイナスに働くということが支援者として分かった場合は、それを頭から「だめ」とは言わないで引き延ばさせる。それで、被害者の考えがちょっと変わってくるのを待つ。それが被害者にダメージを受けさせない一番よい方法であるので、そのことも分かって被害者に支援を提供しなければいけないんです。だから、よく「ニーズに沿う」と言い

ますが、それだけではないんです。……拒否はしてはいけない。だけど、それを、「そうだ、そうだ」と100％受け止め、「いっしょにやりましょう」と言っても、またいけないのです。

　上述の通り、事件からの経過年数によって、被害者のニーズも変化していきますし、それにつれて、「つなぐ」先のピンポイントも、警察、検察、弁護士、精神科医、自治体、学校等、時期に応じて変わっていきます。

　そのことをふまえた上で、さらに、ある時点で被害者が自らのニーズと思っていることについて、「だめ」と拒否することはせず（拒否すると、もう都民センターに来なくなってしまう可能性があります）、しかし、「そうだ、そうだ」と言いなりになることもせず、引き延ばして相手が変わるのを待つ場合もあるというのです。

　たとえば、被害者が、「今から被疑者・被告人を殺しに行く」などと言う場合、頭から拒否はせず、感情の部分は「聴く」ことによって受け止めつつ、言いなりにもならず、被害者の考えが変化する時期を見計らい、そこまで「引き延ばす」わけです。

　以上、ニーズの掘り起こしの（Ⅰ）、（Ⅱ）から、ニーズとは所与のものではなく、回復イメージの把握と、時期による変化の見通しにもとづく、当事者と支援者との共同構築の産物だということになります。

　本章「はじめに」では、福祉的な理念や制度・サービスの整備が必要と述べましたが、たとえば「引き延ばし」に見られるように、福祉の分野でよく言われるような意味において、「ニーズに即した支援」というだけでは、被害者支援は成り立たない部分があるということには、注意が必要だと思われます。

　「つなぐ」際の第二の留意点は、被害者を「つなぐ」先のピンポイントも、あらかじめそれが被害者への支援機能を有すると認知されているとは必ずしも限らないという点です。

　Ｘ氏：「犯罪被害者等基本法」（コラム11参照）ができて、基本計画ができて、

その中で犯罪被害者への支援は、国および地方公共団体、国民の責務であるという一項目があります。
　けれども、地方自治体では、たとえ制度があっても、それは犯罪被害者にも使える制度だと分かっている関係者ってけっこう少ないんですよ。何となく、「犯罪被害者」というようなフィルターに掛けられてしまって、普通に暮らしている人とは、何かとんでもなく違う世界にいる人。そういう人には難し過ぎて、なかなか相談に乗れないとか、接することも、かえって二次被害を与えてしまうのではないかというふうに思われてしまって、すでにある制度とか施策でも、うまく使われていないということがたくさんあります。

　「はじめに」で述べた、「箱」と「中身」の問題が、被害者支援の責務を負う地方自治体についても２つの意味で存在することが指摘されています。第一に、2004年の「犯罪被害者等基本法」（コラム11参照）によって地方公共団体に被害者支援の責務が課されたわけですが、基本法という「箱」はできても、たとえば二次被害という言葉が中途半端に流通し、被害者支援をかえって阻害し、「箱」に「中身」が備わらないということがあります。
　そして第二に、既存の制度・施策が被害者支援にも利用できることがあまり認知されておらず、まさに「箱」に「中身」が充填されていない状況、この場合で言えば制度・施策が被害者支援機能を有することが認知されていない状況があるわけです。したがって、この場合、「つなぐ」ことは、制度・施策の単なる紹介ではなく、被害者支援機能を有しつつも埋もれている制度・施策等の資源の掘り起こしを伴います。
　被害者のニーズが確固とした所与でないのと同様、被害者を「つなぐ」先も、支援機能があらかじめ認知され、支援に利用できる制度・施策として位置づけられている確固とした所与であるわけではないのです。
　ピアのみで支援を担いきるということは困難であり、被害者のニーズを、被

害者支援機能を有する資源と「つなぐ」ことが必要となりますが、その際、以上2つの留意点に見られるように、すでにそれ自体で確立している存在同士を単にマッチングするということではなく、被害者側と資源側の、二重の掘り起こしを行うことが求められるのです。

3　「巻き込む」こと

　X氏は、都民センター発足当初の活動を、次のように振り返っています。当時、相談員は、「傾聴こそが被害者支援のすべて」と思っており、それに対してX氏は、傾聴のみでは、事件や司法に関する情報を求めている被害者の期待には応えられないと考えました（認定特定非営利活動法人全国被害者支援ネットワーク・日本被害者学会・公益財団法人犯罪被害救援基金・警察庁犯罪被害者支援室 2011：104）。

　直接支援が必要な遺族宅への自宅訪問の際にX氏が相談員に「いっしょに行きましょう」と誘うと、「嫌です。二次受傷（ここでは、被害者の話を聞くことで自分も同様のストレス反応ないし症状を呈することを指す）をしたくない」と断るケースや、「私は専門家ですから口出しをしないで」と言い、指示に従わず自分の興味がある被害者の面接ばかりを行うケースもあったといいます。こうしたケースに対して、X氏は、「支援の基本的技能も、支援センターで働く組織人としての姿勢も知らず、人間としても未熟なこと」に愕然としたそうです（被害者支援都民センター　2009：3-4）。

　このように、相談員においては、1）傾聴に自己の責任を限定するケース、2）相談電話を待つことに自己の責任を限定するケース、3）自分の興味のある被害者への支援に自己の責任を限定するケースが見受けられました。

　1）傾聴に責任を限定するケースについては、第2節で紹介した調査結果からも分かるように、被害者は傾聴のみならず、情報提供、直接的支援、セルフヘルプ・グループ等、多様な支援を求めていることから、「中身」の支援を提

供することにはならないと見なされています。一般に、「精神的支援＝傾聴型カウンセリング」というイメージがありますが、少なくとも被害者支援の現場では、そうしたイメージのもとでは、被害者のニーズを掘り起こしつつ、それに即した多様な支援を実践することは困難なのです。

 2)相談電話を待つことに責任を限定するケースについては、第一に、1)と同様、被害者が電話相談以外の多様な支援を求めていることがあります。第二に、「二次受傷をしたくない」という相談員の言葉は、被害者の物語を「聴く」ことで、聴き手も傷つくという「二次受傷」からの自己防衛の問題に言及しているわけですが、この問題に関しては、たとえば山下由紀子が、「二次的外傷性ストレス」という表現でとらえ、以下のような検討を行っています。

 すなわち、犯罪被害者の語りを共感的に「聴く」ことで、支援者に「二次的外傷性ストレス」が起こりえますが、それに対処する方法はあります。常に自分の状態を確認する、上司や同僚と情報を共有する、周囲の協力を得る（ケースカンファレンスを行ったりスーパービジョンを受けたりすること）、仕事のバランスをとる（困難なケースばかりを長時間連続して受け持たないようにする）、自身の体調に気を配る、私生活を大事にするなどの方法です（山下 2008：243-245）。

 なお、こうした「二次的外傷性ストレス」は、経験や技量を問わず、トラウマ体験者に共感的に関わる支援者の誰にでも起こりうることで、いつ起こってもおかしくないことです（山下 2008：243）。だからこそ、上記の対処方法を心がけることが重要ですが（→上記 X 氏の言う「基本的技能」）、支援者の誰にでもいつでも起こる可能性があるわけですから、「二次受傷をしたくない」という理由で被害者に積極的に関わらないのは、支援センターで働く支援者としては適切ではなく、被害者に「中身」の支援を提供することにはならないということになります（→上記 X 氏の言う「組織人としての姿勢」）。

 3)自分の興味のある被害者への支援に活動を限定するケースについては、以上で述べたこととも重なりますが、被害者の回復には、多様な支援が必要であり、ある特定の分野からのアプローチだけでは不十分です。したがって、都

民センターでは、毎日の事例検討会の中で、1人ひとりの被害者への支援をどのように行うかについて、相談員一同で共通認識を持つようにしているそうです。毎日の事例検討会の他にも、精神科医による月2回の事例検討会も開いて、1人ひとりの被害者に最も適していると考えられる支援方法を見極めながら支援を実践しています。こうしたことから、3）もやはり、被害者に「中身」の支援を提供することにはならないということになります。

　以上の1）～3）は、いずれも、何らかの形で、自己の責任を限定化しているケースですが、T.パーソンズは、医師という専門職を例として、専門職は「機能的限定性」のもとで、自己の責任を一定の範囲内に限定し、役割を遂行すると指摘しています（Parsons 1951=1974: 449-458）。これをふまえると、都民センターの事例において、相談員が自己の責任を限定することは機能的限定性であり、それ自体が批判されるべきことであるということには必ずしもなりません。しかしながら、むしろ問われるのは、個別具体的な被害者に対して、「中身」の支援を行うに際して、それまでの限定のしかたが妥当であるかどうかを自ら問い直し、必要に応じて、限定のしかたを変えていく姿勢の有無ではないでしょうか。限定すること自体が問題というよりも、限定のしかたが問題[20]になりうるわけです。1）～3）のような限定のしかたは、少なくとも被害者支援の現場で、「箱」に「中身」を充填していく実践としては不足だと見られているのです。

　支援者が被害者の生の声を身近で聞く必要があると考えたX氏は、個人的に交流のあった遺族に声をかけ、セルフヘルプ・グループを始め、被害者の声に相談員を「つなぐ」取り組みを行いました。X氏によれば、被害者の声を直接「聴く」ことによって、支援のノウハウが得られ、また、被害者の体験を「聴く」ことは、相談員にとっても、人間としての根元的な問題や人生観を問われ、自らの生き方や考えを振り返る場となります（被害者支援都民センター 2009：4）。

　1）～3）のような限定のしかたは、あらかじめ支援現場の外で立てた枠組を

第5章 「聴く」ことと「つなぐ」こと

当てはめ、「見たいものだけを見る、聴きたいことだけを聴く」ような支援の姿勢です。そうした相談員が被害者の声につながれ、「聴く」ことを通して、「見えなかったものが見られる、聞こえなかったことが聞こえる」ように、自己のそれまでの姿勢を問い直し、限定のしかたを変えていったということです。

　花崎皋平は、「主体形成を軸にしない対象認識も、対象認識を欠いた主体形成もリアリティをもちえない」と述べています（花崎 1981：35）。本章の議論の文脈で言うなら、相談員の、自己の姿勢や限定のしかたの問い直し（→主体形成）と、「見えなかったものが見られる、聞こえなかったことが聞こえる」ようになること（→対象認識）とは、同時的だということになります。

　被害者の声につながれ、その声を「聴く」ことを通して、支援のノウハウを発見したり、相談員自身の生き方や考えの振り返りが促されたりした場合、そうした相談員こそが、ピアと各専門機関との中間的存在として、被害者の声を「聴く」ことや、ピアと専門機関を「つなぐ」ことに精通したアドボケイト（コラム12参照）となりうるのです。

　このような、「聴く」こと、「つなぐ」ことに精通したアドボケイトとしての相談員は、必ずしもピアでなければならないというわけではありません。実際、X氏も、自分がピアであることを支援の場ではあまり言わないそうです。むしろ、事件直後の早期段階から長期にわたる支援を実効的なものとしていくためには、犯罪被害の経験を持たない一般市民を被害者支援に「巻き込む」こと——ただし、主体形成と対象認識の同時性のもとに——が重要です。

　再び花崎皋平によると、「『共同性』が排他性を伴うことを認識し『共同性』の本質主義的な実体化を避けることはぜひとも必要」（花崎 2002：57）であり、そのためにも、「自己の属する共同性を相対化する開放的なあり方を求めていくことが必要」となります（花崎 2002：56）。ピア・グループと専門機関のみの閉じた共同性になって一般市民との間に距離が生まれないように、ピアや専門機関とは異なる、一般市民によるアドボカシーは、被害者支援に一定の社会的広がりを持たせていく上で、大きな意義を持つものです。

そうしたアドボケイトとしての犯罪被害相談員の養成・研修については、「犯罪被害者等早期援助団体に関する規則」(2008年改正、国家公安委員会規則)第5条第1項において、「犯罪被害相談員」及び「犯罪被害者直接支援員」は、「犯罪被害者等早期援助団体」(注3参照)の役員又は職員であって、以下の要件を満たす25歳以上の者でなければならないとされています。その要件とは、(一)人格及び行動について、社会的信望を有すること、(二)職務の遂行に必要な熱意及び時間的余裕を有すること、(三)生活が安定していること、(四)健康で活動力を有することです。

また、同規則第5条第2項において、「犯罪被害相談員」は、次の各号のいずれかに該当する者でなければならないとされています。その各号とは、(一)犯罪被害等に関する相談に応ずる業務に従事した期間が通算しておおむね3年以上の者、(二)「犯罪被害者等早期援助団体」において「犯罪被害相談員」の職務を補助した期間が通算しておおむね3年以上の者、(三)犯罪被害等に関する相談に関し前二号に掲げる者と同等以上の知識及び技能を有すると認められる者です。

都民センターではボランティアセミナーが行われていますが、セミナー受講者のうち、レポート、面接によって、適性があると見なされた人に、週1回・3ヶ月間程度、都民センターに来てもらうそうです。そこで資質を見て、大丈夫と判断された人は、週2日程度来てもらい、相談・支援に関わる助手的な仕事を行ってもらって、3年程度経って、1800時間以上、訓練を積むと、犯罪被害相談員になり、相談の電話に出られるようになります。

一般市民を被害者支援に「巻き込む」ことにより、支援に一定の社会的広がりを持たせることは大きな意義を持つことですが、同時に、こうした養成・研修による、相談員の質の担保もまた、重要です。

X氏によれば、近年、自身が心理的問題を抱えている人、被害者支援の場を私的な目的のために利用しようとする人、職場開拓の場と考える人、自己実現の場だと考えて関わってくるボランティアがいるとのことです(被害者支援

都民センター 2009：4)。

　一般市民を「巻き込む」過程では、「箱」の整備の意図せざる結果のひとつとして、アドボケイトの資質を欠くと見なされる人が、支援の現場に関わる可能性もあるため、アドボケイトの質の担保が課題として浮かび上がってくるのです。こうした課題は、「箱」の整備が徐々に進んできつつある現状で、「中身」の支援として現場で何が求められるのかを絶えず検証していく必要性を認識させるものだと言えるでしょう。

おわりに

　本章では、犯罪被害者支援において、制度・施策という「箱」の整備だけでなく、その「中身」の充填が求められていることを確認し、「中身」の例として、「聴く」こと、「つなぐ」こと、「巻き込む」ことという3点に焦点を合わせました。そして、被害者支援都民センターの支援活動の事例研究を通して、それら3点の、現場での具体的な実践について検討しました。

　その上で、「ピア同士の間でこそ支援が成立しやすい」こと、ただし、「ピアのみで支援を担いきることは困難である」こと、そして、「『聴く』こと、『つなぐ』ことに精通したアドボケイトとしての相談員は、必ずしもピアでなければならないというわけではない」ことを確認しました。

　「聴く」こと、「つなぐ」こと、「巻き込む」こと、そしてそれ以外の各種支援というように、被害者支援には多様な支援が総合的に必要となります。そうした支援を実践していく際には、ピア・サポートが重要な位置を占めますが、他方で、ピアにとどまらず、一般市民をアドボケイトとして「巻き込む」ことによって、被害者支援に一定の社会的広がりを持たせることも大きな意義を持ちます。

　そのような巻き込みの過程では、制度整備の意図せざる結果のひとつとして、アドボケイトの資質を欠くと見なされる人が、支援の現場に関わる可能性もあ

るため、アドボケイトの質の担保が課題として浮かび上がってきます。

「はじめに」でも述べましたが、日本の被害者支援はまだスタートを切った段階です。今後、ますます、被害者への支援を充実させ、被害者の権利を拡充・擁護していくことが必要ですが、「箱」だけでなく、「中身」として何が求められ、実際に取り組まれているのかについて、現場での支援実践から学び続けていきたいと思っています。

注
1）「被害者の権利擁護が必要だ」と主張すると、ほとんど必ず、「被疑者・被告人の権利が損なわれる」という反論がなされます。そうした反論は、「被害者と被疑者・被告人の権利のバランス」という観点に立った考え方です。

　しかし、現段階では、バランス論を唱えることは、適切とは見なしにくい状況です。

　第一に、本文中でも述べた通り、被害者と被疑者・被告人はまだ同じ土俵にさえ上っていません。被害者の権利が拡充され、被疑者・被告人と同等の権利が保障されるようになって初めて、バランス論が唱えられる余地が生まれます。

　第二に、これは大変よく誤解されることなのですが、「被害者の権利」と「被疑者・被告人の権利」は、本来、「あちらを立てればこちらが立たず」の関係にはありません。「被害者の権利を擁護する」ことは、「被害者の権利だけを擁護する」こととイコールではなく、求められるのは、「被害者の権利擁護」と「被疑者・被告人の権利擁護」の双方が同時に達成されるしくみづくりなのです。

2）本章で用いる回復という概念は、本文中で述べたような意味であり、本書第1章（伊藤智樹）で、A.フランクの議論（Frank 1995=2002）を参照しつつ考察が行われている、「回復（restitution）」とは異なる意味内容の概念です。

3）2002年に都民センターが東京都公安委員会から「犯罪被害者等早期援助団体」に指定されたのは、「犯罪被害者等給付金の支給等に関する法律」（2001年）にもとづいていましたが、コラム11で述べた通り、同法は2008年、「犯罪被害者等給付金の支給等による犯罪被害者等の支援に関する法律」に改正されました。

　改正後の同法第23条第2項によると、「犯罪被害者等早期援助団体」は、犯罪被害等を早期に軽減するとともに、犯罪被害者等が再び平穏な生活を営むことができるよう支援することを目的とし、(一)犯罪被害者等の支援に関する広報活動及び啓発活動を行うこと、(二)犯罪被害等に関する相談に応ずること、(三)犯罪被

害者等給付金の支給を受けようとする者が第10条第1項の規定にもとづき行う裁定の申請を補助すること、(四)犯罪行為の発生後速やかに、かつ、継続的に、犯罪被害者等に対し、物品の供与又は貸与、役務の提供その他の方法により援助を行うこと、の四項目の事業を適正かつ確実に行うことができる非営利の法人を、都道府県公安委員会が指定するものです。

　　これにより、「犯罪被害者等早期援助団体」の求めに応じて、警視総監もしくは道府県警察本部長又は警察署長は、犯罪被害者等の同意を得て、当該犯罪被害者等の氏名、住所、当該犯罪被害の概要に関する情報を提供することができるようになりました。

　　この制度によって、都民センターも、「犯罪被害相談員」等が、被害を受けた早い段階から犯罪被害者等に接し、回復に必要な各種支援を行うことが可能となりました。

4）　③は、被害者同士のピア・サポートですから、それをａが行うというａ-③タイプは想定されません。ａが③にオブザーバーとして参加する場合はありますが、その場合であっても、③を行う主体はｂですから、③の主体をａとするａ-③は想定されないことになります。

5）　本章で用いる「克服」という概念は、本書第1章（伊藤智樹）で、A. フランクの議論（Frank 1995=2002）を参照しつつ考察が行われている、「回復（restitution）」とほぼ同義です。

6）　R. K. マートンによれば、社会学から見たアンビバランスは、「もっとも広い意味では、……社会における地位ないし地位群に伴う態度、信念および行動の相矛盾する規範的期待をさしてい」ます（Merton 1963=1969: 376）。

7）　http://www8.cao.go.jp/hanzai/report/h19/index.html（2013年3月5日取得）

8）　http://www8.cao.go.jp/hanzai/report/h20-2/index.html（2013年3月5日取得）

9）　ただし、2008年度調査データでは、半年程度経過後の被害者に必要な支援について、国民一般が最も多く挙げたのが「精神的自立への励まし・支援」（49.6％）、次いで「日常的な話し相手」（41.7％）と「プライバシー等への配慮」（41.7％）であり、それに対して、被害者が最も多く挙げたのが「そっとしておくこと」（29.6％）、2番目が「日常的な話し相手」（21.6％）、3番目が「事件についての相談相手」（18.8％）となっていて、2006年度調査データとは若干異なる結果となっています。

10）　以上の四層構造論は、森田洋司・清永賢二（森田・清永 1994）による「いじめ集団の四層構造」論［いじめっ子（加害者）―いじめられっ子（被害者）―「観衆」―「傍観者」］を参考にしています。ただし本章では、特に「観衆」―「傍観

者」の二項については、森田・清永とは異なる意味内容で把握した上で、表現も「周囲の他者」―「一般市民」としています。ちなみに、森田・清永は、「観衆」を「いじめをはやしたておもしろがって見ている子どもたち」、「傍観者」を「見てみぬふりをしている子どもたち」と規定しています（森田・清永 1994：48）。

11) 「聴く」ことに注目した社会学的研究が稀少な中、セルフヘルプ・グループの語り合い・聴き合いにおける聴き手に注目した貴重な研究として、伊藤智樹の研究があります。伊藤は、セルフヘルプ・グループの聴き手を、「物語を受け止める」聴き手と、「物語を促す」聴き手とに大別し、それらの聴き手について、死別体験のグループとアルコホリズムのグループの事例研究にもとづき、分析を行っています（伊藤 2009：198-208）。

12) 本文中のこの箇所は、X氏の言葉をもとにした上で、「ボランティア活動とは担い手の側からみれば、『喜びをもって共に重荷を担い合う活動』であると定義することができる」（大森 1990：280）という大森彌の議論を参考にしています。大森の議論は、ピア・サポートではなくボランティア活動についての議論ですが、担い手をピアに置き換えれば、内容的にはピア・サポートにも当てはまります。

　本書第1章（伊藤智樹）では、ピア・サポートとは、「ある人が同じような苦しみを持っていると思う人を支える行為、あるいは、そのように思う人同士による支え合いの相互行為」と定義されています。この第1章の定義と、X氏の言葉にもとづき、大森の議論を参考にした本章の、「仲間と共に重荷を担い合う活動」という定義は、表現は異なりますが、意味内容は同じです。

　第1章の「同じような苦しみを持っていると思う人」を本章では「仲間」としています。本章で言う仲間とは、「主観的に思われた仲間」、すなわち「同じような苦しみを持っている仲間と思う人」の意です。そして、第1章の「支える行為」、「支え合いの相互行為」を、本章では「共に重荷を担い合う活動」としています。

13) A.メルッチは、晩年、「聴くことの社会学」の構想に力を注ぎました。そこでは、専門医療等の技術が、問題の有効な「解決」を図る「解決主義的アプローチ」に立脚しており、当事者の声を「聴く」ことを排除してしまっているという現状に、警鐘が鳴らされています（Melucci 1996a=2008：81, 1996b：2）。こうした現状に対して、メルッチは、他者を「対象」としてのみとらえるような、合理的な「冷たい」知性ではなく、具体的な個人がその奥深くで何を必要としているかを知ることの智、すなわち、「聴く」力を持った智こそが、今日的な智として求められていると述べています（Melucci 2000=2001：8）。

14) 集団における同質性と異質性・個性について、G.ジンメルは次のように述べています。「一方では個別化に向かい、他方では分化とは逆の方向に向かう傾向は、

それが純粋に個人的な領域で作用するか、あるいは個人が属す社会共同体の領域で作用するかにはあまり関係なく、その均衡をかえない。——そうだとすれば、ひとつの領域における個別化あるいはその反対の現象といったプラスは、他の領域におけるそのマイナスを要求するであろう」(Simmel 1890=2011: 75-76)。ここでは、集団間の同質性と集団内の同質性との逆相関関係が指摘されています。

　これをふまえ、ここでは、暫定的な仮説として、次のように考えたいと思います。すなわち、ピア・グループという集団と他の集団との間の同質性の感覚は、集団内の個人の同質性の感覚と逆相関関係にあるものと思われます。言い換えれば、集団内の個人が同質的であるほど、その集団は他の集団に対して異質的・個性的になりますが、逆に、集団内の個人が異質的・個性的であるほど、その集団は他の集団と同質的になります。ここで、集団内の個人が同質的な傾向を示すのは、社会からの二次被害に対して、ピア・グループ内の集団凝集性が高まった場合であると想定しておきましょう。

　この仮説のもとでは、ピア・グループ内で同質性の感覚が強まるか、異質性・個性の感覚が強まるかは、他の集団との関係によることとなります。そして、少なくとも、ここで言う「同じ」、「違う」というのは、実体的な性質ではなく、他の集団との関係においてそのつど現象する感覚だということは言えるでしょう。

15) G. H. ミードは、無反省的行為は反応が直接的であるのに対して、反省的行為には「遅延反応」が伴うと指摘しています（Mead 1934=1973: 126）。この点について解説した船津衛によると、人間は「問題的状況」において、習慣的行為が一時停止し、「遅延反応」が生じて、内省的思考、すなわち、問題を解決する能力が活発化することになります（船津 1989：87）。

16) M. ホワイトと D. エプストンによれば、人々が自分たちの経験を語る物語が、彼らの生きられた経験を十分に表していない時、人々のドミナント・ストーリー（優勢な物語）の外側には、汲み残された生きられた経験があり、それは、「ユニークな結果」と呼ばれます（White & Epston 1990=1992: 34-35）。本章で言う「違和的な要素」は、ホワイトとエプストンの言う「ユニークな結果」と近い概念です。

17) T. ボークマンは、セルフヘルプ・グループで積み重ねられる、当事者たちの経験に裏づけられた知識を、「体験的知識」（Borkman 1976）と呼びました。この背景には、支援やケアにおいて、専門家／当事者の間に、非対称的な上下関係が形成されるという、専門家主義がありました。そうした事態に鑑みて、ボークマンは、専門家の「専門的知識」に対する、もうひとつの知識として、当事者間で蓄積され共有される「体験的知識」の意義を主張したのです。

18) 被害者支援都民センター（2001a, 2001b）。
19) 被害者支援都民センター（2007a）。
20) 三井さよは、自身の調査した看護職の事例にもとづき、専門職が自己の責任の限定のしかたを変えていくことを、「戦略的限定化」と呼んでいます。三井は、調査対象となった看護職は、そのつど生じた問題的状況に即して、自らのなすべきこと、自らにできること、自らと患者との関係性を、自ら問い直した職務の範囲に限定していると指摘しています（三井 2004：107-114）。

6 本書のまとめと考察

　苦しみを抱える仲間同士の支え合いで、一体何がおこっているといえるのか。この本では、この問題にこだわった論考を収めてきました。最後に、この本全体から得られる成果についてまとめ、あわせて、残された課題を含めた考察を行いたいと思います。

1　本書はいかに先行研究の不足を補い前進させたか

　第1章では、従来提出されたピア・サポート研究の問題点を2つ挙げました。
　ひとつは、ピア・サポートが人々の感情面の変化をおこすという説に対して、そのこと自体は認めつつ、しかしただ「**仲間と会えば肯定的な感情をもてるようになる**」**と安直にはとらえられないのではないか**、という疑問を呈しました。この点については、第2章以降の各章においても指摘される基本的なポイントとして確認することができます。
　第2章（荒井浩道）は、認知症の人の家族同士が集まって語りあったとしても、ただ介護経験を共有するということだけでピア・サポートの効果が生まれるわけではない、という点に注意をうながしています。そもそも一口に「認知症」といっても、さまざまな種類の疾患があり、それによって「問題」になってしまう行動の特性にも違いが出てきます。また、認知症をもつ本人の介護者との続き柄（実の親なのか義理の親なのか、等）や、そのほか、家族が置かれている具体的な状況によっても、介護する家族の苦しみ自体は多様であります。

これらのことから、荒井は、単にセルフヘルプ・グループとして集まればよいと話を終わらせることはできず、多様な経験をもつ者同士の中でも一定の効果を導けるファシリテーションが重要になるのではないかと考えているわけですが、ここでは、「認知症の人を介護する」という共通性でくくればピア・サポートが成立するだろうという発想がいかに安直であるかという点を、まずはおさえておきたいと思います。

　このように「ピア」のよりどころとなる「同じ苦しみの経験」を私たちが乱暴にとらえてしまいやすい問題は、続く2つの章でも表れていました。第3章（福重清）についていえば、たとえばAさんのような人の場合、一見したところ、その人の問題はギャンブルにあることが明らかなように思えるので、支援しようとする側は「このタイプの人はGAに行かせればよい」と考えがちです。しかし、実際その通りにするのがその人にとってよいのか、あるいは、他の問題を中心にすえてギャンブルをむしろ二次的な問題ととらえる方がよいのか、少なくとも最初から決めてかかることはできないケースがあることを、このAさんの事例は示しています。そのような場合、いま述べた2つの道のいずれをも〈可能な物語たち〉としながら、少なくとも一定期間の模索を続けることが必要になってくるでしょう。第4章（水津嘉克）では、同じ「遺児」の苦しみといっても死別の仕方によって異なってくることが明らかになっています。とりわけ自死遺児の場合、「自ら命を絶った」という点に起因する引け目や、誰に対しても語りがたいという気持ちは、個人の内側に閉じ込められたままとなります。それに対して、遺児たちのグループは、一方では「自死を正面にだすことで募金の金額が減ってしまう」といった差別的な発言が出る場面がありながらも、他方では「あなたのせいで亡くなったのではないと思う」と声をかける人がいる共感的な場でもあり、そうした中で、自死遺児ミーティング、そして文集『自殺って言えない』および手記集『自殺って言えなかった。』の執筆・編集に至る活動プロセスにおいて、まさに「自死遺児である」という経験の共通性がようやく輪郭を帯びてきた、という流れになっています。この流れ

をふまえないと、『自殺って言えなかった。』それ自体に対しても「自死遺児同士が出会って（ただちに）癒されたお話」として片づけられてしまうかもしれません。

　第5章（佐藤恵）でも、確かにピア同士の間でこそ支援が成立しやすいことを認めつつ、しかし「被害者＝ピア」とただちには言えない、と指摘されています。ここでも、第2章で取り上げた認知症の人の家族と同様に、実際にどのような被害にあったかという種別や、被害者の家族においては本人との続き柄、そして家族の置かれた具体的な状況によっても、苦しみの内容は多様と考えられます。このことは、X氏が述べていたように、「自分が思っていることがすべて」ではないという視野の広がりを導く場合もありえますが、そこまでには至らず、他の被害者の語りを批判する発言をしたり、あるいは、他の被害者の被害と自分の被害の程度・原因を比較し、「不幸比べ」のような発言をしたりするような事態も、残念ながらおこりうるようです。

　このようにしてみると、この本の各章が明らかにしたのは、「仲間と会えば肯定的な感情をもてるようになる」とは簡単にはいえない、ということだったといえます。むしろ、仲間と会ってもただちには感情面での変化などおこらない中で、それぞれの事例における人々の模索的な営みや、集会における工夫などがなされていました。これらのことに注意を向けて初めて、現に行われているピア・サポートの貴重さが理解できるし、今後ピア・サポートを実践していくにあたっての参考になるのではないかと思うのです。

　さて、第1章では、先行研究のもうひとつの問題点として、ピア・サポートの中心的な部分を情報の交換によって説明することの限界を挙げました。苦しむ人にとって有益な情報、たとえばすぐれた介護用品や医療機関の所在に関する情報や、日常生活上の工夫、そのほか「こうしたらいいよ」という知識は、確かにピア・サポートの中で頻繁に交換されます。しかし、それらの情報交換は、ピア・サポートのプロセスに含まれますが、だからといって「ピア・サポート＝情報交換」とは限りません。この本がナラティヴ・アプローチをとるこ

とでスポットをあてたのは、むしろ、ピア・サポートは人々が苦しみや生き難さを相対的に軽減し、どうにか生きる道筋を見つけていくプロセス全体であり、そのプロセスに対して、**個人としてのピアやセルフヘルプ・グループがどのように関与しているのか**ということでした。

　このことは、各章が、苦しむ当事者の経験にそれぞれ可能な範囲で接近し、得られた言葉をデータとして丁寧に分析し解釈していく研究スタイルを貫くことによって、その全体を通して実現されています。その中からひとつだけここで例を挙げます。第4章（水津）の最後の部分で、Zさんが「つどい」から帰ると言いだした他のリーダーと長い沈黙の時間を過ごした出来事が取り上げられています。結局そのリーダーは、なぜ彼がそのように言いだしたのか思いを語り、Zさんはそれに応答し、彼は「つどい」に参加しつづけることを決めます。このやりとり自体をZさんは、まさに「分かち合い」ととらえていますが、それではそこで何か情報が交換されたのかと考えてみると、もはやそのような見方は適切でないことがわかるだろうと思います。そのリーダーにとって意味があったのは、おそらく自分の思いが承認されたという経験であって、何か情報を提供されたとか、役に立つことを教えてもらったということではないでしょう。

　したがって、ピア・サポートを実践したり評価するにあたって、**何か具体的に目に見えるような有益な情報を提供できたかどうかにこだわりすぎる必要はない**、といえます。確かに、さきほど例として挙げたZさんの体験のような場面について考えてみると、そうした出来事は、あくまでも断片的なひとつの出来事に見えるため、サポートを行う側からすると「何か意味のあることをした」とは考えにくいだろうとは思います。おそらくは、そのような感覚から、目に見える情報にピア・サポートのよりどころを求めてしまいやすい傾向が生じるのでしょう。しかし、それではピア・サポートの一番大切な部分を見失ってしまう危険もあります。たとえば、セルフヘルプ・グループを実践している人が新しく参加した人から「情報だけならインターネットに優れた情報がある

ではないか」と言われたとすると、ピア・サポートのよりどころを情報にのみ求めている限りは、有効な反論はしにくいと思います。しかし、「生きる道筋を一緒に見つけていく」という目標をある程度意識化していれば、インターネットでの情報収集だけでは満たしにくいセルフヘルプ・グループの持ち味を提示しやすくなるのではないでしょうか[1]。

　以上が、この本が先行研究の不足をどのように補って前進させたのかに関する見解です。それは、ピア・サポートを実践するにあたっても、ここで論じたように、少なからぬ含意を有していると考えます。

2　共同体の物語について

　この本では、ナラティヴ・アプローチを採る一環として、セルフヘルプ・グループにおける「共同体の物語」という概念を導入しました。第1章で述べた通り、「共同体の物語」は、人々による自己物語の共通性や類似性にもとづいて名指すことができる物語を指します。既に伊藤（2005, 2009）は、セルフヘルプ・グループ研究を進めるためにこの概念が重要なステップになることを論じていますが、この本の各章においても、より幅広い事例においてこの概念が適用されています。

　第2章（荒井）では、認知症家族会における共同体の物語を「手抜き介護の物語」と名指しています。これには、現在の日本社会に対する荒井の時代診断が組み込まれています。すなわち、近年の日本社会においては、介護保険サービスの定着によって、介護の負担が徹頭徹尾家族にかかるという観念は、以前に比べれば弱まったかもしれない。しかし、状況はそればかりではなく、他方では、本人に寄り添い、その尊厳や残された健全さを守るケアのあり方も叫ばれている。このような風潮が家族介護の文脈に取り込まれた場合、道徳的な圧力（「これ以上本人により添わなければいけないのか……」）に転化しかねない。もちろんこのような風潮には誤解も含まれているのでしょうが、そのような懸念

される風潮を是正する社会的なしかけが大切になります。このような考えにもとづいて、荒井は、「献身的介護」に対抗的である「手抜き介護の物語」を名指したのです。

　第3章（福重）においては、なぜAさんはGAに居心地の悪さを感じたのかを分析するために、「共同体の物語」概念が用いられています。すなわち、GAにおける共同体の物語と考えられる「転落と再生の物語」においては、転落に関する諸々の出来事を、すべて問題の根本であるギャンブルに結びつけていく語り方が求められます。しかしAさんがインタビューで自身の体験をふりかえる語りには、必ずしもそのような特徴を見いだせません。このことはAさんがGAに対して漠然と抱く「語りきれない」という気持ちに結びついていると考えられます。このような、セルフヘルプ・グループに参加して感じる漠然とした違和感は、しばしば当事者にははっきり説明することが難しいと考えられますし、それを見た支援者が「自分の問題を受容せず、ふらふらしている」と受け取る可能性もあります。それに対して、福重は、共同体の物語をAさんの語りと対照させるという方法によって、Aさんの行動にある種の合理性がひそんでいるかもしれない、ということを浮かび上がらせています。

　このようにしてみると、「共同体の物語」概念は、セルフヘルプ・グループを社会の流れの上に位置づけたり、個人の営みに対して踏み込んだ解釈を行ったりするのに役立つことがわかります。

　それに対して、第4章（水津）は、「共同体の物語」概念のいわば〈取扱注意〉の部分に、むしろスポットを当てています。水津によれば、『自殺っていえなかった。』に寄せられた手記の多くには、自死を公にすることに強い抵抗を感じていた主人公が、つどいでの出会いを通して変化していく、という筋が共通して見受けられます。これをもって、あしなが育英会の自死遺児たちにおける「共同体の物語」と名指すことは可能ですし、そのこと自体は決して間違っていないと考えられます。しかし、このような見方だけがひとり歩きすることによって、大切なことが見逃される、あるいは忘却されてしまう危険が生じ

ます。それは、共同体の物語を参加者個人が語れるようになるということも、また会がそのような物語を語れる場になるということも、決して一筋縄ではいかないということです。もし「共同体の物語を語れるようになれば癒される」という安易な見方ばかりが幅をきかせれば、参加者個人に対する「早く共同体の物語を語れるようになりなさい」という圧力にさえつながりかねません。つまり、その人の変化を待つというセルフヘルプ・グループの聞き手がもつ一面が損なわれる危険を指摘しているのです。

　もちろん、先にも述べたように「共同体の物語」概念には魅力と意義があります。そもそも、この概念を抜きにしては、セルフヘルプ・グループにおける物語を特徴づけることができませんし、ひいては「そのグループはいったいどのような生き方ないし方向性を目指しているのか」という問いにも応えていくことができません。しかし、注意が必要なのは、先にふれた第2章と第3章での用い方においても、グループで語られる物語をひとつに括って（または複数にグループ化して）共同体の物語を確定するのが最終目的だったのではなく、むしろ、セルフヘルプ・グループを社会的文脈上に位置づけたり、個人の変化に説明を与えたりすることがねらいだった、という点です。つまり、そのようなねらいを抜きにして共同体の物語の把握それ自体が自己目的化してしまうことは、**研究としては概念の有効性を必ずしも活かしていることにならないし、また弊害もありうる**ということが、この本で明らかになったことのひとつだといえます。

3　聞き手（聴き手）としてのピア

　最後に、物語を聞く（聴く）という観点から、この本を振り返ってみます。第1章では、ピア・サポートの基本的な要素として、（1）苦しみに関して何かを語り、またそれを聞く（聴く）ようなコミュニケーションの場が形成されていることと、（2）語り手および聞き手（聴き手）の立場を互換できること、と

いう2点を挙げました。ここから、ピア・サポートにおいては、「何かを教えてあげる」よりもむしろ「相手の物語の聞き手となる」ことが基本的であることがわかると思います。たとえ自分は最もひどい苦しみの時期を経て今は希望を持つ段階に至ったと感じている人——セルフヘルプ・グループのベテラン・メンバーや「相談員」の立場にある人など——であっても、あくまでも物語の主人公であり語り手であるのは新しくグループにやってきた（あるいは相談にやってきた）その人自身であって、その人を「変えてあげる」というのは基本的にはできない、ということを出発点にすべきです。したがって、**その人がどんな物語をつむいでいくのか、関心をもって見守りながら、なおかつ何らかの関与をしていく**、というとらえ方がよいといえます。

　ここから、物語の聞き手（聴き手）としてのピア・サポーターはどんな特徴をもった聞き手なのか、という研究課題が浮上してきます。「関心をもって見守りながら、なおかつ何らかの関与をしていく」というのは、単純に「相手の話に耳を傾けましょう」などと言って片づけられるものではありませんし、したがって心理学的カウンセリングから「傾聴の技術」の部分だけ切り取ってきて磨かれるものでもないだろうと思います。しかし、それは具体的にどのようなアクションとして表れ、どのようにして苦しむ人の自己物語に影響を与えるのでしょうか。この点に関しては、この本もまた、大幅に研究を前進させたとはいいがたく、未開拓の部分が大きいと認めなければなりません。ただ、少々の展開と糸口が得られたと考えます。

　ひとつは、セルフヘルプ・グループの集会でのやりとりに肉薄した第2章（荒井）の知見です。ここで荒井は、直感的に魅力的と思える司会（およびベテラン・メンバー）の他の参加者に対する反応を詳細に分析しています。その結果、彼女・彼らは、新規参加者の話に対していきなり教科書的なアドバイスを与える反応はせず、たとえば「ついていけないよね（笑）」などと話を合わせ、共感的に反応しています。しかしこのような共感的な反応がすべてかというと、そうでもありません。集会の始めの方でベテラン・メンバー（あるいは比較的参

加歴の長い人）に体験を語ってもらうことで、新規参加者が語るのを躊躇してしまうかもしれない内容でも語りやすくする雰囲気づくりをしてみたり、あるいは、「このまま献身的介護を続けたらどうなるか」を考えさせるような積極的なはたらきかけを行ったりする場面も挙げられています。

　伊藤（2009）は、物語の聞き手としてのセルフヘルプ・グループには、物語を受け止める側面と、物語を促す側面とがあることを指摘していますが、この本の第2章での知見は、これら両側面が、認知症家族会の事例においても異なった形で見受けられることを示しています。特に、物語を「促す」側面について伊藤（2009）は、アルコホリズムのセルフヘルプ・グループの事例をもとに考察していますが、その事例の場合、やりとりの中で語り手の物語に直接的にコメントしたり修正をはたらきかけたりすることを抑制する傾向がありました。しかし、この本の第2章で取り上げた認知症家族会のように、**会話の流れに関して比較的大きな裁量をもつファシリテーターがいる場においては、ある種の介入的なはたらきかけによって自己物語の書き換えを促すケースがある**、という点が明らかになったといえます。もちろん、こうした介入的な働きかけは、押しつけとも背中合わせの危険があり、いついかなる場合に許容されるのかを慎重に考える必要があります。ナラティヴ・アプローチからみると、**語り手の苦しみに結びつく物語**（セルフヘルプ・グループの場合、共同体の物語が対抗する相手の位置にある物語）**が、このままでは語り手に長期的に固着し苦しみが増幅すると思われる場合には、あえて思い切ったゆさぶりをかけることがありうる**といってよいのではないかと思います。

　この本で得られたもうひとつの糸口は、第5章（佐藤）で指摘された、ピアのみがすべてを担いきることはできないという点にかかわります。佐藤がレビューした被害者を対象とする調査によれば、被害者のニーズは被害からの期間によって異なります。すなわち、事件直後には、精神的ケアのみならず、事件・司法等に関する情報提供や、警察や裁判所等への付き添い、支援者の紹介、家事手伝いなど実際的なことを含む多様なニーズが挙げられるのに対して、事

件後１年程度、もしくはそれ以上経ってから、「同じような体験をした人と話し合える場の設定」がニーズの中で前面に出てきます。考えてみれば当然のことではありますが、苦しみのプロセスにおいてピアが常に初期の段階から一貫して聞き手（聴き手）として求められるとは限らない、といえます。したがって、佐藤も論じているように、**専門家を含めてさまざまな人や組織につながっていく過程のなかで苦しむ人がより生きやすい物語を作りやすくなるような社会を構想していく必要があり、その中でピアは重要な一翼を担う存在として位置づけられる必要がある**と考えられます。このことは同時に、**専門家も物語の聞き手（聴き手）としてとらえ直されるべきかもしれない**、という研究課題の可能性を示しています。

　さまざまな専門的知をバックグラウンドとしてもつ人の中には、このような見方をにわかには受け入れがたい人も少なくないでしょう。というのも、専門家は自らが提供できる知識や技術に自身の役割を限定すべきだという考え方は根強く、またそれはある種の誠実な態度として、まったく間違っているとはいえないからです。しかし、「だから専門家は物語の聞き手には絶対になれない」と考えるべきなのか、それとも違うあり方が模索されるべきなのか、このことが今後の社会において重要な課題になっていくと思われます。したがって、被害者に限らずさまざまな苦しみに遭遇する人がどのようなプロセスをたどるのか、そこでどのような聞き手（聴き手）と出会い、それによって何がおこるのか、参考となる事例を拾い丁寧に分析する研究が、今後ますます必要になるだろうと思います。その先に、「ピア」には物語の聞き手（聴き手）としてどのような特徴があるのか、あるいはどのような制約があるのか、これらのことがよりくっきりと見えてくるでしょう。それは、「ピア・サポート」は一体どのような社会的資源として期待できるのかという問いに明確に応えていくことに他ならないといえます。

注

1） ただし、ひとつ付けくわえておきたいのは、逆に「インターネット＝情報交換」というのも、別の意味でかたよった見方かもしれないということです。今後、オンラインにおけるピア・サポートがどのような特性をもつものなのかは、意義ある研究課題のひとつになるでしょう。現在のところ、それに関する研究はまだ萌芽的な段階ですが、今後有意義な知見が蓄積されれば、それにもとづいて「オンライン」と「オフライン」とにどのような効果を期待して組み合わせられるのかという実践的関心に応えられるだろうと思います。

あとがき（謝辞）

　ピア・サポートの社会学は、いまだ端緒についたばかりで、まだまだ発展途上といえます。しかし、「ピア・サポートにおいて何がおこっているのか」という根本部分に関して探究の眼をそむけず、制約がある中でも、得られたデータに丁寧に向き合っていくことで、その探求が行われると私たちは考えています。このことは、読者の皆様にも感じていただけたのではないかと思います。

　この本の元になったのは、2005年から、セルフヘルプ・グループに関心のあった荒井、伊藤、水津、福重が重ねてきた小規模な研究会です。2007年ごろから調査の具体的な計画とともに、成果物出版という目標を共有するようになり、2009年秋からは佐藤を加えて、現執筆陣が構成されました。まさに牛歩のごとく長い時間がかかりましたが、さきほど述べた「得られたデータに丁寧に向き合っていく」というこの本の特色が実現できたのも、そのような歩みがあったからではないかと思えます。

　各章において調査に協力していただいた方々に、この場を借りて厚く御礼申し上げます。

　また、この本を作るにあたっては、財団法人日本証券奨学財団からの研究助成（「セルフヘルプ・グループ／ピア・サポートを対象とした『支援』実践に関する物語論的アプローチによる質的研究」、平成22～23年度、研究代表者：水津嘉克）を受けたことを申し添えます。

　本書が、ピア・サポートに関する研究の今後の展開に資すると同時に、実際に悩んでいる人々にとって何らかのヒントを含んでいることを願っています。

伊 藤 智 樹

参 考 文 献

　本文および注の中で、著者名と出版年のみ表記した文献に関する詳細な情報をここに挙げます。著者名アルファベット順に並べます。

　各文献の表記の仕方については、日本語の本の場合は、著者名、出版年、タイトル、出版社名の順に表記しています。本や雑誌の一部分である論文の場合は、著者名、出版年の次に、まず論文のタイトルを表記してから、その後に本や雑誌の名前を表記します。外国語文献の場合も、基本的に同様ですが、著者名をアルファベット順で並べるため、冒頭のみファースト・ネームとファミリー・ネームとを入れ替えています。

　その他、詳細な表記法については『社会学評論スタイルガイド』「4.1　文献リスト」（日本社会学会ホームページ、2009年2月2日取得、http://www.gakkai.ne.jp/jss/bulletin/guide4.php#sh4-1）におおむね準拠していますので、必要であればそちらを参考にしてください。

AA日本20年の歩み編さん委員会，1995，『いくたびもの出会いを重ねて―― AA日本20年の歩み――』．
Abbott, H. P., 2008, *The Cambridge Introduction to Narrative,* 2nd ed., Cambridge: Cambridge University Press.
Adame, A. L. & L. M. Leither, 2008, "Breaking Out of the Mainstream: The Evolution of Peer Support Alternatives to the Mental Health System," *Ethical Human Psychology and Psychiatry: An International Journal of Critical Inquiry,* 10(3): 146-62.
アディクション・セミナー実行委員会，2009，『第20回アディクション・セミナー in YOKOHAMA　資料集』アディクション・セミナー実行委員会．
――――，2010，『第21回アディクション・セミナー in YOKOHAMA　資料集』アディクション・セミナー実行委員会．
Alcoholics Anonymous, [1939, 1955] 1976, *Alcoholics Anonymous,* 3rd ed., Alcoholics Anonymous World Services.（＝1979，AA日本出版局訳編『無名のアルコール中毒者たち――アルコール中毒からの回復』AA Japan Service Office.）
Alcoholics Anonymous, 1957, *Alcoholics Anonymous Comes of Age,* Alcoholics

Anonymous World Services.（＝1990，AA 日本出版局訳編『アルコホーリクス・アノニマス成年に達する』AA Japan Service Office.）

Alcoholics Anonymous World Services, 2013, "A. A. at a Glance"（2013年1月14日取得，http://www.aa.org/pdf/products/f-1_AAataGlance.pdf）

浅野智彦，2001，『自己への物語論的接近——家族療法から社会学へ』勁草書房.

Ashbury, F. D., C. Cameron, S. L. Mercer, M. Fitch & E. Nielson, 1998, "One-on-One Peer Support and Quality of Life for Breast Cancer Patients," *Patient Education and Counseling*, 35: 89-100.

Attig, T., 1996, *How We Grieve: Relearning the World*, New York: Oxford University Press.（＝1998，林大訳『死別の悲しみに向き合う』大月出版.）

Baldwin, C. & A. Capstick eds., 2007, *Tom Kitwood on Dementia: A Reader and Critical Commentary*, Buckingham: Open University Press.

Borkman, T., 1976, "Experiential Knowledge: A New Concept for the Analysis of Self-Help Groups," *Social Service Review*, 50(3): 445-56.

Bouchard, L., M. Montreuil & C. Gros, 2010, "Peer Support among Inpatients in an Adult Mental Health Setting," *Issues in Mental Health Nursing*, 31: 589-98.

Brownson, C. A. & M. Heisler, 2009, "The Role of Peer Support in Diabetes Care and Self-Management," *Patient: Patient-Centered Outcomes Research*, 2(1): 5-17.

Broyard, A., 1992, *Intoxicated by My Illness: And Other Writings on Life and Death*, New York: Clarkson N. Potter.（＝1995，宮下嶺夫訳『癌とたわむれて』晶文社.）

Castelein, S., R. Bruggeman, J. T. van Busschbach, M. van der Gaag, A. D. Stant, H. Knegtering & D. Wiersma, 2008, "The Effectiveness of Peer Support Groups in Psychosis: A Randomized Controlled Trial," *Acta Psychiatrica Scandinavia*, 118: 64-72.

地域包括ケア研究会，2009，「地域包括ケア研究会報告書——今後の検討のための論点整理（平成21年5月）」平成20年度老人保健健康増進等事業.

————，2010，「地域包括ケア研究会報告書（平成22年3月）」平成21年度老人保健健康増進等事業.

地域ケア政策ネットワーク，2012，「認知症サポーターキャラバン」（2012年12月8日取得，http://www.caravanmate.com/）.

参考文献

長寿社会開発センター，2011，「地域包括支援センター業務マニュアル（平成23年6月）」（2013年7月16日取得，http://www.mhlw.go.jp/stf/shingi/2r98520000026b0a-att/2r98520000026b5k.pdf）．

Coatsworth-Puspoky, R., C. Forchuk & C. Ward-Griffin, 2006, "Peer Support Relationships: An Unexplored Interpersonal Process in Mental Health," *Journal of Psychiatric and Mental Health Nursing*, 13: 490-7.

Dennis, C., 2003, "Peer Support within a Health Care Context: A Concept Analysis", *International Journal of Nursing Studies*, 40(3): 321-32.

Denzin, N. K., 1989, Interpretive Interactionism, Newbury Park: Sage.（＝1992, 関西現象学的社会学研究会編訳・片桐雅隆訳者代表『エピファニーの社会学——解釈的相互作用論の核心』マグロウヒル．）

EAインターグループ，2012，「イモーションズ・アノニマス」（2012年8月20日取得，http://emotionsanonymous-jp.org/）．

Edvardsson, D. & A. Innes, 2010, "Measuring Person-centered Care: A Critical Comparative Review of Published Tools," *Gerontologist*, 50(6): 834-46.

Forster, E. M., 1927, *Aspects of the Novel*, London: Edward Arnold.（＝1994, 中野康司訳『小説の諸相（E. M. フォースター著作集8）』みすず書房．）

Frank, A. W., 1995, *The Wounded Storyteller: Body, Illness and Ethics*, Chicago: The University of Chicago Press.（＝2002, 鈴木智之訳『傷ついた物語の語り手——身体・病い・倫理』ゆみる出版．）

船津衛，1989，『ミード自我論の研究』恒星社厚生閣．

「がんサポート」編集部，2011，「届け！がん患者たちの声（シリーズ56）気になる「妊娠」のこと　情報がほしい。話せる場がほしい：若年で乳がんを体験した女性たちによるピアサポートのコミュニティが始動」『がんサポート』（エビデンス社）105: 75-77.

GA日本インフォメーションセンター，2010a，「一致のためのプログラム（12の伝統）」（2012年8月20日取得，http://www.gajapan.jp/jicab-programofunite.html）．

————, 2010b，「GAの歴史」（2012年8月20日取得，http://www.gajapan.jp/jicab-gahistory.html）．

Goffman, E., 1963, *Stigma: Notes on the Management of Spoiled Identity*, Englewood Cliffs: Prentice-Hall.（＝1970, 石黒毅訳『スティグマの社会学——烙印を押されたアイデンティティ』せりか書房．）

後藤雅博，1998，『家族教室のすすめ方——心理教育的アプローチによる家族援助の実際』金剛出版．
————，2012，『家族心理教育から地域精神保健福祉まで——システム・家族・コミュニティを診る』金剛出版．
花崎皋平，1981，『生きる場の哲学——共感からの出発』岩波書店（岩波新書）．
————，2002，『〈共生〉への触発——脱植民地・多文化・倫理をめぐって』みすず書房．
Heisler, M., S. Vijan, F. Makki & J. D. Piette, 2010, "Diabetes Control with Reciprocal Peer Support Versus Nurse Care Management: A Randomized Trial," *Annals of Internal Medicine*, 153(8): 507-15.
Herman, J. L., 1992, *Trauma and Recovery*, New York: Basic Books.（＝1999，中井久夫訳『心的外傷と回復　増補版』みすず書房．）
被害者支援都民センター，2001a，『センターニュース』4（被害者支援都民センター）．
————，2001b，『センターニュース』5（被害者支援都民センター）．
————，2007a，「平成18年度被害者支援調査研究事業　今後の被害者支援を考えるための調査報告書——犯罪被害者遺族へのアンケート調査結果から」被害者都民センターホームページ（2013年3月5日取得，http://www.shien.or.jp/report/pdf/shien_result20070719_full.pdf）．
————，2007b，『もう一度会いたい（遺族の手記）第7集』被害者支援都民センター．
————，2008，『もう一度会いたい（遺族の手記）第8集』被害者支援都民センター．
————，2009，『センターニュース』28（被害者支援都民センター）．
市橋香代，2010，「当事者の『語り』支援——援助職の専門性はどこに辿りつくのか」日本ブリーフサイコセラピー学会『日本ブリーフサイコセラピー学会第20回長崎大会プログラム・抄録集』，40．
井上俊，1997，「動機と物語」井上俊・上野千鶴子・大澤真幸・見田宗介・吉見俊哉編『岩波講座　現代社会学　第1巻　現代社会の社会学』岩波書店，19-46．）
伊藤智樹，2000，「セルフヘルプ・グループと個人の物語」『社会学評論』51(1)：88-103．
————，2005，「ためらいの声——セルフヘルプ・グループ『言友会』へのナラ

ティヴ・アプローチ」『ソシオロジ』154: 3-18.
――――，2009，『セルフヘルプ・グループの自己物語論――アルコホリズムと死別体験を例に』ハーベスト社.
――――，2011，「患者会への社会学的アプローチ――「リハビリジム」が照らし出す「回復（restitution）」なき後の希望――」『Monthly Book Medical Rehabilitation』135: 93-7.
――――，2012，「病いの物語と身体――A・W・フランク「コミュニカティヴな身体」を導きにして」『ソシオロジ』173: 121-36.
自死遺児編集委員会・あしなが育英会，2002，『自殺って言えなかった。』サンマーク出版.
葛西賢太，2007，『断酒が作り出す共同性――アルコール依存からの回復を信じる人々』世界思想社.
加藤伸司，2005，『認知症になるとなぜ「不可解な行動」をとるのか――深層心理を読み解きケアの方法をさぐる』河出書房新社.
Katz, A. H., 1993, *Self-Help in America: Social Movement Perspective*, New York: Twayne Publishers.（＝1997，久保紘章監訳『セルフヘルプ・グループ』岩崎学術出版社.）
北野誠一，2000，「アドボカシー（権利擁護）の概念とその展開」河野正輝・大熊由紀子・北野誠一編『講座　障害をもつ人の人権3　福祉サービスと自立支援』有斐閣，142-59.
Kitwood, T., 1997, *Dementia Reconsidered: Person Comes First*, Buckingham: Open University Press.（＝2005，高橋誠一訳『認知症のパーソンセンタードケア――新しいケアの文化へ』筒井書房.）
Kitwood, T. & Bredin, K., 1992, "Towards a Theory of Dementia Care: Personhood and Well-being," *Ageing and Society*, 12: 269-87.
高齢者介護研究会，2003，「2015年の高齢者介護――高齢者の尊厳を支えるケアの確立に向けて（平成15年6月）」（2013年7月16日取得，http://www.mhlw.go.jp/topics/kaigo/kentou/15kourei/）.
厚生労働省，2012，「がん対策基本計画」厚生労働省ホームページ（2012年11月28日取得，http://www.mhlw.go.jp/bunya/kenkou/dl/gan_keikaku02.pdf）.
――――，2012，「認知症高齢者数について（平成24年8月）」厚生労働省ホームページ（2013年5月7日取得，http://www.mhlw.go.jp/stf/houdou/2r9852000002iau1-att/2r9852000002iavi.pdf）.

久野恵理・小林園子・園環樹・宮本有紀，2012，「意図的なピアサポート」を考える取り組み（2012年12月8日取得，http://intentionalpeersupport.jp/）.

Lawn, S., A. Smith & K. Hunter, 2008, "Mental Health Peer Support for Hospital Avoidance and Early Discharge: An Australian Example of Consumer Driven and Operated Service," *Journal of Mental Health*, 17(5): 498-508.

松本一生，2003，「痴呆老人の家族教室」渡辺俊之編『現代のエスプリ――介護家族という新しい家族』（No437）至文堂，151-9.

――――，2006，『家族と学ぶ認知症――介護者と支援者のためのガイドブック』金剛出版.

松本ぷりっつ・岡崎杏里，2007，『笑う介護。――ツライ日々を変えたのは「笑い」の最強パワーだった』成美堂出版.

Mead, G. H., 1934, *Mind, Self and Society: From the Standpoint of a Social Behaviorist*, Chicago: The University of Chicago Press.（=1973，稲葉三千男・滝沢正樹・中野収訳『精神・自我・社会』青木書店.）

Meehan, T., H. Bergen, C. Coveney & R. Thornton, 2002, "Development and Evaluation of a Training Program in Peer Support for Former Consumers," *International Journal of Mental Health Nursing*, 11: 34-9.

Melucci, A., 1996a, *The Playing Self: Person and Meaning in the Planetary Society*, Cambridge: Cambridge University Press.（=2008，新原道信・長谷川啓介・鈴木鉄忠訳『プレイング・セルフ――惑星社会における人間と意味』ハーベスト社.）

――――, 1996b, *Challenging Codes: Collective Action in the Information Age*, Cambridge: Cambridge University Press.

――――, 2000, "Sociology of Listening, Listening to Sociology"（地域社会学会25周年記念講演）.（=2001，新原道信訳「聴くことの社会学」地域社会学会『市民と地域――自己決定・協働，その主体』（地域社会学会年報13）: 1-14.）

Merton, R. K., 1963, "Sociological Ambivalence," E. A. Tiryakian ed., *Sociological Theory, Values and Sociocultural Change*, New York: The Free Press.（=1969，森東吾・森好夫・金沢実訳「アンビバランスの社会学理論」『現代社会学大系第13巻　社会理論と機能分析』青木書店，371-407.）

Migdole, S., J. Tondora, M. A. Silva, A. D. Barry, J. C. Milligan, E. Mattison, W. Rutledge & S. Powsner, 2011, "Exploring New Frontiers: Recovery-Oriented Peer Support Programming in a Psychiatric ED," *American

Journal of Psychiatric Rehabilitation, 14: 1-12.
三井さよ，2004，『ケアの社会学——臨床現場との対話』勁草書房．
宮島俊彦，2012，「地域包括ケアシステムの推進について」『保健医療科学』61(2)：73-4．
Moll, S., J. Holmes, J. Geronimo & D. Sherman, 2009, "Work Transitions for Peer Support Providers in Traditional Mental Health Programs: Unique Challenges and Opportunities," *Work: A Journal of Prevention, Assessment & Rehabilitation,* 33: 449-58.
森田洋司・清永賢二，1994，『新訂版　いじめ——教室の病い』金子書房．
向谷地生良，2009，『技法以前——べてるの家のつくりかた』医学書院．
日本認知症ケア学会，2011，『BPSDの理解と対応——認知症ケア基本テキスト』ワールドプランニング．
認知症介護研究・研修センター，2012，「認知症ケアマッピング（DCM）法研修」認知症介護認知症介護情報ネットワーク（2012年12月8日取得，https://www.dcnet.gr.jp/study/caremapping/）．
認定特定非営利活動法人全国被害者支援ネットワーク・日本被害者学会・公益財団法人犯罪被害救援基金・警察庁犯罪被害者支援室，2011，『犯罪被害者支援の過去・現在・未来——犯罪被害者支援20年・犯罪被害給付制度及び救援基金30年記念誌』認定特定非営利活動法人全国被害者支援ネットワーク・日本被害者学会・公益財団法人犯罪被害救援基金・警察庁犯罪被害者支援室．
野口裕二，1996，『アルコホリズムの社会学——アディクションと近代』日本評論社．
野原すみれ，2005，『正々堂々がんばらない介護』海と月社．
奥村隆，2002，「社会を剥ぎ取られた地点」『社会学評論』208: 486-503．
大久保恵美子，2000，「セルフヘルプグループの意義と役割」宮澤浩一・國松孝次監修『犯罪被害者に対する民間支援』（講座　被害者支援　第5巻）東京法令出版，173-205．
大森彌，1990，『自治行政と住民の「元気」——続・自治体行政学入門』良書普及会．
大坂和可子・矢ケ崎香・金森亮子・玉橋容子・金井久子・我妻志保・細川恵子・東由紀恵・大畑美里・鈴木久美・小松浩子，2011，「乳がん患者のためのピアサポート活動『聖路加スマイルコミュニティ』の実績報告——乳がん体験者ボランティアと看護専門職の協働的パートナーシップによる取り組み」『聖路加看

護大学紀要』37: 36-41.
Parsons, T., 1951, *The Social System,* New York: The Free Press.（=1974, 佐藤勉訳『現代社会学大系第14巻　社会体系論』青木書店.）
Plummer, K., 1995, *Telling Sexual Stories: Power, Change and Social Worlds.* London: Routledge.（=1998, 桜井厚・好井裕明・小林多寿子訳『セクシャル・ストーリーの時代——語りのポリティクス』新曜社.）
Prince, G., 1987, *A Dictionary of Narratology,* Lincoln: University of Nebraska Press.（=1991, 遠藤健一訳『物語論辞典』松柏社.）
Rappaport, J., 1993, "Narrative Studies, Personal Stories, and Identity Transformation in the Mutual Help Context," *The Journal of Applied Behavioral Science,* 29(2): 239-56.（reprinted in T. J. Powell ed., 1994, *Understanding the Self-Help Organization: Frameworks and Findings,* Thousand Oaks: Sage, 115-35.）
Rattray J. & E. McKennaj, 2012, "Person-centred Care in Intensive Care: A Myth or Reality?," *Nursing in Critical Care,* 17(15): 225-26.
斎藤学, 1984,『嗜癖行動と家族』有斐閣.
佐藤恵, 2001,「犯罪被害者のアイデンティティ管理——被害者の社会学に向けて」『年報社会学論集』14: 63-75.
————, 2003,「犯罪被害者の『回復』とその支援——交通犯罪被害者遺族における被害者化過程の事例研究を通して」『犯罪社会学研究』28: 96-109.
————, 2004,「犯罪被害者家族におけるトラブルとその支援」『国際学レヴュー』（桜美林大学国際学部）16: 69-89.
————, 2008,「起点としての『聴く』こと——犯罪被害者のセルフヘルプ・グループにおけるある回復の形」崎山治男・伊藤智樹・佐藤恵・三井さよ編『〈支援〉の社会学——現場に向き合う思考』青弓社, 40-61.
————, 2010,「犯罪被害者支援の現場に学ぶ」『桜美林論考　法・政治・社会』（桜美林大学法学・政治学系）1: 59-60.
Schaef, A. W., 1987, *When Society Becomes an Addict,* Laz E Ar Agency.（=1993, 斎藤学監訳『嗜癖する社会』誠信書房.）
清水康之, 2012,「誰も置き去りにしない社会へ——自殺対策大綱・改訂への緊急提言」『世界』（岩波書店）833(8): 81-9.
Simmel, G., 1890, *Über Sociale Differenzierung: Sociologische und Psychologische Untersuchungen.*（=2011, 石川晃弘・鈴木春男訳『社会的分化論——社会学

的・心理学的研究』中央公論新社(中公クラシックス).
副田義也,2003,『あしなが運動と玉井義臣——歴史社会学的考察』岩波書店.
Solomon, P., 2004, "Peer Support/Peer Provided Services: Underlying Process, Benefits, and Critical Ingredients," *Psychiatric Rehabilitation Journal*, 27: 392-401.
水津嘉克,2001,「『死別』と『悲嘆』の臨床社会学」野口祐二・大村英昭編『臨床社会学の実践』有斐閣選書,197-222.
鈴木智之,2011「夢に寄り添う——ある死別の語りとその多声性」『社会志林』58(2):1-19.
田辺鶴瑛,2008,『ふまじめ介護——涙と笑いの修羅場講談』主婦と生活社.
田中孝雄,1983,「断酒会,AAの治療とその評価」,『季刊 精神療法』9(2):40-50,金剛出版.
時岡新,2006a,「分かち合いの会で語りを『引き出す』作業について——遺児たちの『自分史語り』のばあい」『金城学院大学論集(社会科学編)』3(1):1-14.
————,2006b,「分かちあいの会で語りを『聴く』作業について——遺児たちの『自分史語り』のばあい」『金城学院大学論集(社会科学編)』3(2):44-65.
————,2007,「資料・自分と,誰かのために——自死遺児たちの分かちあいの会の経験から(上)」『金城学院大学論集(社会科学編)』4(1):99-114.
トマシェフスキー,ボリス,1925=1982,小平武訳「テーマ論」,水野忠夫編『ロシア・フォルマリズム文学論集2』せりか書房,9-67.
浮ケ谷幸代,2004,『病気だけど病気ではない——糖尿病とともに生きる生活世界』誠信書房.
Ussher, J., L. Kirsten, P. Butow & M. Sandoval, 2006, "What Do Cancer Support Groups Provide Which Other Supportive Relationship Do Not?: The Experience of Peer Support Groups for People with Cancer," *Social Science & Medicine*, 62: 2565-76.
Visser, S. M., M. P. McCabe, C. Hudgson, G. Buchanan, T. E. Davison & K. George, 2008, "Managing Behavioural Symptoms of Dementia: Effectiveness of Staff Education and Peer Support," *Aging & Mental Health*, 12(1): 47-55.
White, M. & D. Epston, 1990, *Narrative Means to Therapeutic Ends*, New York: Norton.(=1992,小森康永訳『物語としての家族』金剛出版.)
Wilson, W. & C. Pratt, 1987, "The Impact of Diabetes Education and Peer

Support upon Weight and Glycemic Control of Elderly Persons with Noninsulin Dependent Diabetes Mellitus (NIDDM)," *American Journal of Public Health*, 77(5): 634-5.

山下由紀子, 2008,「援助職のメンタルヘルスとその支援」小西聖子編『犯罪被害者のメンタルヘルス』誠信書房, 236-51.

Ye, Z. & J. Wang, 2007, "The Success of a Nursing Peer Support Programme in China," *Journal of Clinical Nursing*, 16(7): 1374-6.

《執筆者紹介》（執筆順、＊は編著者）

＊伊藤 智樹（いとう　ともき）[はしがき、第1章、第6章、あとがき]
　1972年生まれ
　東京大学大学院人文社会系研究科博士課程単位取得退学　博士（社会学）
　現在、富山大学学術研究部人文科学系教授（人文学部社会文化コース（社会学））
　主要業績
　『セルフヘルプ・グループの自己物語論――アルコホリズムと死別体験を例に』（ハーベスト社、2009年）．
　「より生きやすい社会を目指して――富山県における高次脳機能障害支援の展開と社会学」（富山大学人文学部（編）『人文知のカレイドスコープ』桂書房、2018年）．

荒井 浩道（あらい　ひろみち）[第2章]
　1973年生まれ
　早稲田大学大学院人間科学研究科博士後期課程修了　博士（人間科学）　社会福祉士
　現在、駒澤大学文学部社会学科教授
　主要業績
　「繋がっていかない利用者への支援――ソーシャルワークにおけるナラティヴ・アプローチの可能性」（崎山治男・伊藤智樹・佐藤恵・三井さよ編『〈支援〉の社会学――現場に向き合う思考』青弓社、2008年）．
　「ソーシャルワークにおける困難事例の支援方法に関する質的研究――ナラティヴ・アプローチ、ICT、テキストマイニング」（『老年社会科学』第35巻第1号、2013年）．
　『ナラティヴ・ソーシャルワーク――"「支援」しない支援"の方法』（新泉社、2014年）．

福重　清（ふくしげ　きよし）[第3章]
　1969年生まれ
　東京都立大学大学院社会科学研究科博士課程単位取得退学
　現在、立教大学社会学部、明治大学農学部、大妻女子大学人間関係学部、専修大学人間科学部兼任講師
　主要業績
　「セルフヘルプ・グループの物語論的効果再考――「回復」することの曖昧さをめぐって」（『現代社会理論研究』第14号、2004年）．
　「若者の友人関係はどうなっているのか」（浅野智彦編『検証・若者の変貌――失われた10年の後に』勁草書房、2006年）．
　「セルフヘルプ・グループの多様性に関する一考察――ナラティヴ・アプローチの視点から」（『現代社会における対人援助に関する社会学的総合研究』（平成19〜22年度科学研究費補助金（基盤研究(B)）研究成果報告書）、2011年）．

水津 嘉克（すいつ　よしかつ）[第4章]
　1964年生まれ
　東京大学大学院社会学研究科博士課程単位取得退学
　現在、東京学芸大学教育学部准教授
　主要業績
　「社会的相互作用における排除」（『社会学評論』第47号、1996年）．
　「『死別』と『悲嘆』の臨床社会学」（野口裕二・大村英昭編『臨床社会学の実践』有斐閣選書、2001年）．
　「『死別』への社会学的接近のために──『段階論』の批判的検討から」（崎山治男・伊藤智樹・佐藤恵・三井さよ編『〈支援〉の社会学──現場に向き合う思考』青弓社、2008年）．
　「『人称態』による死の類型化再考──多様な死・死別のあり方に向き合うために」（有末賢・澤井敦編『死別の社会学』青弓社、2015年）．

佐藤　　恵（さとう　けい）[第5章]
　1966年生まれ
　東京大学大学院人文社会系研究科博士課程修了　博士（社会学）
　現在、法政大学キャリアデザイン学部教授
　主要業績
　「生きづらさを生き埋めにする社会──犯罪被害者遺族・自死遺族を事例として」（水津嘉克・佐藤恵共著、日本社会学会『社会学評論』第66巻4号、2016年）．
　『自立と支援の社会学──阪神大震災とボランティア』（東信堂、2010年）．
　『〈支援〉の社会学──現場に向き合う思考』（崎山治男・伊藤智樹・佐藤恵・三井さよ編、青弓社、2008年）．

ピア・サポートの社会学
――ALS、認知症介護、依存症、自死遺児、
　　　犯罪被害者の物語を聴く――

| 2013年11月10日　初版第1刷発行 | ＊定価はカバーに |
| 2020年 6 月15日　初版第4刷発行 | 表示してあります |

　　　　　　　　　編著者　　伊　藤　智　樹Ⓒ
　　　　　　　　　発行者　　萩　原　淳　平
　　　　　　　　　印刷者　　江　戸　孝　典

　　　　　　発行所　株式会社　晃　洋　書　房
　　　　　〒615-0026 京都市右京区西院北矢掛町7番地
　　　　　　　　　電話　075(312)0788番(代)
　　　　　　　　　振替口座　01040-6-32280

ISBN978-4-7710-2481-6　印刷・製本　共同印刷工業㈱

JCOPY 〈(社)出版者著作権管理機構 委託出版物〉
本書の無断複写は著作権法上での例外を除き禁じられています。
複写される場合は、そのつど事前に、(社)出版者著作権管理機構
(電話 03-5244-5088, FAX 03-5244-5089, e-mail: info@jcopy.or.jp)
の許諾を得てください。